和谐校园文化建设读本

中外著名教育家格言选

丁禹楠 宋颖军/编写

吉林出版集团股份有限公司

吉林教育出版社

图书在版编目（CIP）数据

中外著名教育家格言选／丁禹楠，宋颖军编写. —
长春：吉林教育出版社，2012.6（2022.10 重印）
（和谐校园文化建设读本）
ISBN 978 - 7 - 5383 - 9010 - 0

Ⅰ. ①中… Ⅱ. ①丁… ②宋… Ⅲ. ①教育—格言 —
汇编—世界 Ⅳ. ①G4

中国版本图书馆 CIP 数据核字（2012）第 116348 号

中外著名教育家格言选
ZHONGWAI ZHUMING JIAOYUJIA GEYAN XUAN   丁禹楠　宋颖军　编著

策划编辑　刘　军　　潘宏竹
责任编辑　刘桂琴　　　　　　　　　　　　　　**装帧设计**　王洪义
出版　吉林出版集团股份有限公司（长春市福祉大路5788号　邮编 130118）
　　　　吉林教育出版社（长春市同志街 1991 号　邮编　130021）
发行　吉林教育出版社
印刷　北京一鑫印务有限责任公司

开本　710 毫米×1000 毫米　1/16　　**印张**　10.5　　**字数**　133 千字
版次　2012 年 6 月第 1 版　　**印次**　2022 年 10 月第 2 次印刷
书号　ISBN 978 - 7 - 5383 - 9010 - 0
定价　39. 80 元

编　委　会

总 序

千秋基业，教育为本；源浚流畅，本固枝荣。

什么是校园文化？所谓"文化"是人类所创造的精神财富的总和，如文学、艺术、教育、科学等。而"校园文化"是人类所创造的一切精神财富在校园中的集中体现。"和谐校园文化建设"，贵在和谐，重在建设。

建设和谐的校园文化，就是要改变僵化死板的教学模式，要引导学生走出教室，走进自然，了解社会，感悟人生，逐步读懂人生、自然、社会这三本大书。

深化教育改革，加快教育发展，构建和谐校园文化，"路漫漫其修远兮"，奋斗正未有穷期。和谐校园文化建设的研究课题重大，意义重要，内涵丰富，是教育工作的一个永恒主题。和谐校园文化建设的实施方向正确，重点突出，是教育思想的根本转变和教育运行机制的全面更新。

我们出版的这套《和谐校园文化建设读本》，既有理论上的阐释，又有实践中的总结；既有学科领域的有益探索，又有教学管理方面的经验提炼；既有声情并茂的童年感悟；又有惟妙惟肖的机智幽默；既有古代哲人的至理名言，又有现代大师的谆谆教诲；既有自然科学各个领域的有趣知识；又有社会科学各个方面的启迪与感悟。笔触所及，涵盖了家庭教育、学校教育和社会教育的各个侧面以及教育教学工作的各个环节，全书立意深邃，观念新异，内容翔实，切合实际。

我们深信：广大中小学师生经过不平凡的奋斗历程，必将沐浴着时代的春风，吸吮着改革的甘露，认真地总结过去，正确地审视现在，科学地规划未来，以崭新的姿态向和谐校园文化建设的更高目标迈进。

让和谐校园文化之花灿然怒放！

本书编委会

目 录

第一编　教育的伟大功能

（一）教育是国家富强的根本

中国是弱国,原因有很多,其中令人最痛心的就是人才的贫乏。教育是一个国家富强的根本。

严复:《学衡》

教育,是一个国家的根本政策。牢狱,是一个国家的末端。

董仲舒:《春秋繁露·精华》

为了教育人民,立教育之根本,耗巨资而不误其处置便可以使整个国家得到繁荣昌盛,这是不容置疑的。

福泽谕吉

教育是伟大的事业:人的命运决定于教育,青年一代是当代的贵宾,是未来的主人公,他们正值青春,是从年老一代继承遗产的时代。作为新生力量的青年一代,应该成为时代的青年,每个青年具有新的思想,准备更替旧的思想。这也是人类进步和人类进程的条件。

别林斯基:《新年的礼物》

人只有靠教育才能成人。人完全是教育的结果。

康德:《康德教育论》

每一个要求治国有方的国家应该把主要注意力放在培育性格方面。因此,治理得最好的国家必然具有最优良的国家教育制度。

欧文:《新社会观》

教育事业应该是公共的而不是私人的;不能像现在这样,每人只分别地照顾自己的儿童,给予自己认为最适合于他们的教育。

亚里士多德:《政治学》

今之策国是者,莫不重教育;策教育,莫不谋普及。夫教育曷贵于普及? 岂不曰教育普及,则社会国家一切至重要、至困难问题,根本上皆得缘以解决也。

黄炎培:《中华职业教育社宣言书》

我们深信教育是国家万年根本大计。

陶行知:《我们的信条》

教育乃是社会生活延续的工具。

杜威:《民主主义与教育》

在最广泛的意义上,教育乃是社会生活延续的工具。

如果即将离开团体生活的社会成员，不把理想、希望、期待、标准和意见传给才进入这个团体的成员，社会生活就不能存在下去。

杜威：《民主主义与教育》

天下不可一日而无政教，故学不可一日而亡于天下。

王安石：《明州慈溪县学记》

教育使人发现自己的尊严，就是奴隶也能够很快地感觉到他不是生而为奴隶的。

——狄德罗

除了教育外，任何东西都不能促进一个国家的繁荣、强大和幸福。

杰斐逊：《反对愚昧无知运动》

社会生活的变化对于教育只有形式上和表面上的影响，那是难以想象的。……根本的情况已经改变了，在教育方面也应有相应的改变才行。

杜威：《学校与社会》

有人认为教既无益，不教亦无损，教育完全是徒劳的。这也是大错特错的。可以说，世上没有比教育人更重要的事了。这是因为教育就像植树者的工作一样。如果置之不理任其自然，庭院里的松树就会横生枝杈，园中的牡丹就会尽失富贵之相，有时它们亦难免因虫害而枯萎凋零。

只有经过植树者矫枝培根,四季勤劳,才能使其生机盎然,枝繁叶茂,色香宜人。

福泽谕吉

教育必须认识它本身是为什么的。……教育是形成未来的一个主要因素,在目前尤其如此,因为归根到底,教育必须培养人类去适应变化,这是我们时代的显著特征。

富尔:《学会生存》

教育的主要目的,在最广泛的意义上就是"塑造人",或者更确切地说,帮助儿童成为充分成型的和完全无缺的人。……必须看到,广义的教育在我们每一个人的全部生活过程中是不断进行的。

马里坦:《新托马斯主义的教育观》

一切的社会改造运动,如政治的、经济的,都不及教育的有根据、能永久。因为教育的改造,是改造人的思想的,人的思想是足以支配政治及经济的。

杨贤江:《思想的革命》

古人说:"民为邦本。"一个共和国的基础稳固不稳固,全看国民有知识没有。国民如果受到相当的教育,能够和衷共济,努力为国家负责,国基一定稳固。

晏阳初:《中华平民教育促进会宣言》

学校是造就人的工场。

夸美纽斯:《大教学论》

夫养人才,犹种树也。筑室可不月而就,种树非数年不阴。今变法百事可急就,而兴学养才,不可以一日致也……

康有为:《请开学校折》

善政不如善教之得民也。善政民畏之,善教民爱之;善政得民财,善教得民心。

孟轲:《孟子·尽心上》

现在我们知道,用嫁接技术就可以把一株新树插到野生树干上,使之结出最好的果实来。教育也一样,可以将新人"嫁接"到土生土长的血统中去,改变其本性中的恶质,使之成为有道德、有社会价值的人。

托·杰斐逊

(二)教育创造人类美好的明天

人的能力中,天赋遗传的因素是有限度的,绝不能超过其限度。……人,学则智,不学则愚,人的智慧取决于教育。

福泽谕吉

假如要形成一个人,就必须由教育去形成,只有受过恰当教育之后,人才能成为一个人。

夸美纽斯:《大教学论》

为人在世,可贵者在于发展,在于发展各人天赋的内在力量,使其经过锻炼,使人能尽其才,能在社会上达到他应有的地位。这就是教育的最终目的。

裴斯泰洛齐:《林哈德和葛笃德》

知识不是天赋的。

洛克:《人类理解论》

普通的心智必须用教育加以强化。

贝斯特:《教育的荒地》

凡是生而为人的人都有受教育的必要。

夸美纽斯:《大教学论》

教师必须在儿童身上看到他的成年,因之学生们在将来居于成年人的地位所面向的种种目的,就一定是教师当前所应关心的事;他一定要事先为达到这些目的,使他做内心的准备。他不应该挫折未来成年人的活动,因此他不应该把活动只限制于几点,同样也不应该过分分散地削弱这些活动。

赫尔巴特:《普通教育学》

应该达到一个境地,在合适地吸取了智慧、德行与虔信之后,能够有益地利用现世的人生,并且适当预备未来的人生。

夸美纽斯:《大教学论》

人类的一切努力都应当着眼在未来的人生。

夸美纽斯:《大教学论》

每个人身上的才能和美德,究竟是他的机体结构的结果,还是他所受的教育结果?

我持后一种意见。

爱尔维修:《论人的理智能力和教育》

学习比无知更能给人类带来幸福。……那么什么是无知呢?先生们,我认为无知就是瞎子和聋子。

弥尔顿:《论维护学习》

越是禀赋好的人越需要受教育。……禀赋最优良的、精力最旺盛的、最可能有所成就的人,如果经过教育而学会了他们应当怎样做人的话,就能成为最优良、最有用的人,因为他们能够做出极多、极大的业绩来;但如果没有受过教育而不学无术的话,那他们就会成为最不好、最有害的人,因为由于不知道应该选择做什么,就往往会插手一些罪恶的事情,而且由于狂傲激烈、禀性倔强、难受约束,就会做出很多很大的坏事来。

色诺芬:《回忆苏格拉底》

你会看出，在所有的事上，凡受到尊敬和赞扬的人都是那些知识最广博的人，而那些受人谴责和轻视的人都是那些最无知的人。

色诺芬:《回忆苏格拉底》

如果说人们生下来并无感情，人们也就生下来并无性格。在我们身上造成对荣誉的爱的，乃是一种后天获得的东西，因而是一种教育的结果。

爱尔维修:《论人的理智能力和教育》

学校的最重要的任务之一，就是要坚持不懈地在全体学生包括差生的发展上下功夫。使所有的学生而不只是特殊的学生都得到最大限度的发展这一教育学要求，是根据社会主义人道主义的伟大原则提出来的。

赞科夫:《和教师的谈话》

怎样生活？这是我们的主要问题……这个既是我们需要学的大事，当然也就是教育中应当教的大事。为我们的完满生活做准备是教育应尽的职责;而评判一门教学科目的唯一合理办法就是看它对这个职责尽到什么程度。

斯宾塞:《教育论》

教育是年长的一代对尚未为社会生活做好准备的一代所施加的影响。教育的目的就是在儿童身上唤起和培养一定数量的身体、知识和道德状态,以便适应整个政治社会的要求,以及他将来注定所处的特定环境的要求。

涂尔干:《道德教育》

教育,不能停止在儿童期和青年期,只要人活着,就应该是继续的。教育必须以这样的做法来适应个人和社会的连续性的要求。

朗格朗:《终身教育引论》

学校教育的理想是培养全面和谐发展的人,社会进步的积极参与者。

要实现全面发展,就要使智育、体育、德育、劳动教育和审美教育深入地相互渗透和相互交织,使这几方面的教育呈现为一个统一的完整过程。

苏霍姆林斯基:《帕夫雷什中学》

人的教育在他出生的时候就开始了,在能够说话和听别人说话以前,他就已经受到教育了。

卢梭:《爱弥儿》

教育就是广泛的文化适应过程。通过这一过程,前代人使后辈能按变化着的信念、习惯、实践及生活方式的其他特点去思想、行动。

布拉梅尔德:《教育的文化基础——跨学科研究》

教育既是这种社会生活的反映,也是适应这种社会生活的工具。

皮亚杰:《教育科学与儿童心理学》

什么是教育?教育就是帮助学生学会自己思考,做出独立的判断,并作为一个负责的公民参加工作。

赫钦斯:《教育中的冲突》

教育的最大的秘诀是:使身体锻炼和思想锻炼互相调剂。

卢梭:《爱弥儿》

我们日常所见的人中,他们之所以或好或坏,或有用或无用,十分之九都是他们的教育所决定的。人类之所以千差万别,便是由于教育之故。我们幼小时所得的印象,哪怕极微极小,小到几乎觉察不出,都有极重大极长久的影响。

洛克:《教育漫话》

对年轻人来说,普通教育的目的是培养他们不断进行自我教育所必需的习惯、观念和技能。因此,正规的制度化的普通教育是为年轻人终身的自我教育做准备的。

赫钦斯:《教育中的冲突》

只有愿意付出代价的人才能适应这种情况,而这个代价就是教育——这种教育永不停止;这种教育从智力,也从情感和想象各个方面调动生命的每种能力和手段。

朗格朗:《终身教育引论》

当然,一般发展是学习和教育的一个极其重要的因素,但起着同样重要作用的还有那些基本知识,如果不识记和牢固地保持这些基本知识,那就不可能有一般发展,因为所谓一般发展,就是要不断地去掌握知识,而要做到这一点,则必须学会学习。

苏霍姆林斯基:《给教师的建议》

教育上的错误比别的错误更不可轻犯。教育上的错误正和错配了药一样,第一次弄错了,决不能借第二次第三次去补救,它们的影响是终身洗刷不掉的。

洛克:《教育漫话》

终身教育是一系列很具体的思想、实验和成就,换言之,是完全意义上的教育,它包括了教育的所有各个方面、各项内容,从一个人出生的那一刻起一直到生命终结时为止的不间断的发展,包括了教育各发展阶段各个关头之间的有机联系。

朗格朗:《终身教育引论》

人原则上是并且始终是需要教育的,因为人在整个一生中始终在向更新的阶段发展,而在这些阶段中又始终在产生新的学习任务。人的整个一生都需要不断地受教育……

博尔诺夫:《教育人类学》

（三）学校应培养和谐发展的人

教育……目的不在获利与获物，也不在外表的炫耀和装饰，而在于修饰和丰富他的内心，希望塑造和教育出一个有才能的、有本事的人，而不是一个空虚的学者。

蒙田:《论儿童的教育》

学校教育的宗旨应该是开发多种智能，并能帮助学生发现适合其智能特点的职业和业余爱好。我相信得到这种帮助的人在事业上将会更投入、更具有竞争力，因此将会以一种更具建设性的方式服务于社会。

加德纳:《多元智能》

一个人离开学校之后，教育不应停止。

杜威:《民主主义与教育》

所谓健全的人格，内分四育，即（一）体育，（二）智育，（三）德育，（四）美育。这四育是一样重要，不可放松一项的。

蔡元培:《普通教育和职业教育》

教育两件事:一件是体育，是为身体的;另一件是音乐，是求心灵美善的。

柏拉图:《法律篇》

这个教育究竟是什么呢？似乎确实很难找到比我们早已发现的那种教育更好的了。这种教育就是用体操来训练身体,用音乐来陶冶心灵。

柏拉图:《理想国》

我们所要求的是使儿童带着整个的身体和整个的心智来到学校,又带着更圆满发展的心智和甚至更健康的身体离开学校。

杜威:《学校与社会》

培养全面发展的、和谐的个性的过程就在于:教育者在关心人的每一个方面、特征的完善的同时,任何时候也不要忽略人的所有各个方面和特征的和谐,都是由某种主导的、首要的东西所决定的。……在这个和谐里起决定作用的、主导的成分是道德。

苏霍姆林斯基:《给教师的建议》

教育之宗旨何在？在使人为完全之人物而已。何谓完全之人物？谓使人之能力,无不发达且调和是也。人之能力分为内外二者:一曰身体之能力,一曰精神之能力。发达其身体,而萎缩其精神,或发达其精神,而罢敝其身体,皆非所谓完全者也。完全之人物,精神与身体必不可不为调和之发达。

王国维:《论教育之宗旨》

使学校适合儿童——而不是使儿童适合学校。

尼尔:《萨默希尔学校》

教育就是要均衡地和有目的地发展人的一切能力,从而把全人类引向它的目标。

康德:《康德论教育》

教育首先具有把儿童与社会连结起来的功能。……学校只是道德上的代理人,通过它,儿童能够系统地学会知识和热爱他的祖国。正是这一事实,为今日学校在国民道德的塑造中扮演的角色赋予了突出的重要地位。

涂尔干:《道德教育》

中国之衰乱由于教之未善。……亡而存之,废而举之,愚而智之,弱而强之,条理万端,皆归本于学校。

梁启超:《学校总论》

就系统教学和学习而言,学校仍是社会的一个卓越机构,具有高尚和普遍的价值,不过,学校正依据一种剧烈变化的教育生态学观点工作,必须使教学适应那已变化的生态学模式。

克雷明:《走向一种教育生态学》

如果一个教育者对时代的合理要求不闻不问,那么,他自己就会使他的学校丧失生命力,自愿放弃他应有的对生活的正当影响,而不能完成自己的责任:他不会使新生一代对生活做好准备。

乌申斯基:《人是教育的对象》

在学习社会中,每个人要学习的不只是谋生能力,更重要的是成为一个完整的、充满活力的人。

赫钦斯:《永恒与变化》

要造就和谐发展的人,也就是说,一方面要发展(和满足)他们的需要;另一方面要发展他们的能力。同时要使这些需要和能力不致相互妨碍,而成为一个完整的机体,如同在制造机器时,我们关心使机器的各个零件不相互妨碍,能够发挥最大的效能一样。

卢那察尔斯基:《卢那察尔斯基论国民教育》

(四)学校应加强与社会的联系

人是为生活而学习,并非为学校而学习。

爱伦·凯:《儿童的世纪》

我们的学习不是为了学校,而是为了生活!……不是为了富丽堂皇,而是为了实用!

赫尔巴特:《普通教育学》

生活与生活摩擦才能起教育作用。如果过的是少爷生活,虽天天读劳动的书,不算是受着劳动教育;过迷信的生活,虽天天听科学的讲演,不算是受科学教育;……过的是开倒车的生活,虽天天谈革命的行动,不算是受着革命的教育。我们要想受什么教育,便须过什么生活。

陶行知:《普及现代生活教育之路》

最大浪费是由于儿童在学校中不能完全、自由地运用他在校外所获得的经验；同时，另一方面，他又不能把学校里所学的东西应用于日常生活。这就是学校的那种隔离现象，就是学校跟生活隔离开来。

杜威:《学校与社会》

一所学校应该成为一个理想的家庭。……在每一个教室里，配备一位受过教育的、有文化的、得到一定训练的、热爱儿童的教师，一位富于科学教育知识并积极热情地应用其原则的教师。

帕克:《关于教育学的谈话》

任何东西，也不能像传统那样地巩固集体。培养传统、保持传统是教育工作中极其重要的任务。一所学校如果没有传统，当然就不会是好学校……

马卡连柯:《普通学校的苏维埃教育问题》

在工作组织得很合理的学校里，不可能因为偷懒而受到惩罚，因为孩子们在课堂内就把功课学会了；也不可能因为淘气而受到惩罚，因为孩子们很忙碌，根本没有时间去淘气。

乌申斯基:《论课堂纪律》

学校的目的既然是要培养学生的社会本能,就不能与世隔绝。必须扩大儿童社会感受的范围,使学校跟真正的社会生活更加接近起来。

克鲁普斯卡娅

生活就是发展,而不断发展,不断生长,就是生活。用教育术语来说,就是:(1)教育过程在它的自身以外无目的;它就是它自己的目的。(2)教育过程是一个不断改组、不断改造和不断转化的过程。

杜威:《民主主义与教育》

教师在学校中并不是要给儿童强加某种概念,或形成某种习惯,而是作为集体的一个成员来选择对于儿童起作用的影响,并帮助儿童对这些影响做出适当的反应。……教师的职务仅仅是依据较多的经验和较成熟的学识来决定怎样使儿童得到生活的训练。

杜威:《我的教育信条》

从定义上说:生活教育是给生活以教育,用生活来教育,为生活向前向上的需要而教育。从生活与教育的关系上说:是生活决定教育。从效力上说:教育要通过生活才能发出力量而成为真正的教育。教学做合一是生活法,亦即教育法。……"行是知之始,知是行之成",是教人从源头上去追求真理。

陶行知:《谈生活教育》

只有当学校本身是一个小规模的合作化社会的时候,教育才使儿童为将来的社会生活做准备。……其中首要因素就是应该把学校本身建设成社会生活的方式。

杜威:《大学初等学校的组织计划》

如果孩子自幼在家庭里没有生活、习惯和志趣上的一致,没有集体交往的训练,这种精神上的空虚常常就会发生。在这种场合,孩子的要求就受他的想象的单独支配而发展,就会跟其他人的要求不发生任何关系。有道德价值的要求只能在集体经验的过程中成长出来。

马卡连柯:《父母必读》

从广义方面想一想,就觉得教育和人的生活有极大的关系了。没有教育即不能生活,所以我们可以说:教育即生活。这种广义的教育,无论什么人,一天总不能离的……绝对不可离的。

杜威:《教育哲学》

我相信受教育的个人是社会的个人,而社会便是许多个人的有机结合。如果从儿童身上舍去社会的因素,我们便只剩下一个抽象的东西,如果我们从社会方面舍去个人的因素,我们便只剩下一个死板的、没有生命力的集体。

杜威:《我的教育信条》

虽然学校必须是一个集体,但它必须是一个特殊性质的集体。它还必须是一个自然的集体,意思是在校内外生活条件之间,不应有突然的割裂。在学校里,公民的精力不应受到抑制或窒息,无论教师或学生,都应该有完美地和活跃地生活的余地……虽然学校应该真实地反映外部世界,但它仅仅应该反映这个世界中最优秀和最重要的东西。

沛西·能:《教育原理》

教育了集体,团结了集体,加强了集体,以后,集体自身就能成为很大的教育力量。

马卡连柯

只有建立了统一的学校集体,才能在儿童的意识中唤起舆论的强大力量。这种舆论的力量,是支配儿童行为,并使它纪律化的一种教育因素。

马卡连柯

集体的温柔和善良的情感,集体的关切——这是一种多么巨大的力量啊!它就像一股汹涌的急流,撼动着感情最冷漠的学生。

苏霍姆林斯基:《教育的艺术》

任何东西也不能像传统那样能够巩固集体,培养传统、保持传统是教育工作中最重要的任务。

马卡连柯

必须使儿童从小就跟别的儿童一起生活、游玩、工作，一起分享自己的欢乐和分担自己的忧愁，必须使这种共同生活尽可能充实、愉快、美好。集体的感受应该跟儿童的许多欢乐感情联系起来。

克鲁普斯卡娅

教育者所表现出来的同情心和关切态度，会在受教育者的心灵中留下难以磨灭的印记。但是，集体的同情心和关切态度却更加有力量。教育者的任务在于，使每个孩子都体验到由于集体在困难时刻所给予的同情和帮助而产生的感激心情。

苏霍姆林斯基:《教育的艺术》

应当首先看到，只有儿童集体的丰富多彩、生气蓬勃的生活，才是使每一个学生的才能开花结果的条件。如果认为只要对学生进行个别工作就能使他得到多方面的发展，那是一种很大的误解。

赞科夫:《和教师的谈话》

集体生活是儿童之自我向社会化道路发展的重要推动力；为儿童心理正常发展所必需。一个不能获得这种正常发展的儿童，可能终其身只是一个悲剧。

陶行知:《育才学校教育纲要草案》

个性的发展,在孤独和隔绝中是不可能的,只有在儿童集体的内容丰富而形式多样的生活中才有可能;集体生活要具有应有的思想方向性,而同时也要反映出学生的动因、愿望和意向。

赞科夫:《教学与发展》

第二编　教师职业是神圣的

(一)教师应受到全社会尊重

教育者多么伟大,多么重要,多么神圣,因为人的一生幸福都操在他的手中。

别林斯基:《新年的礼物》

教育就是获得运用知识的艺术。这是一种很难传授的艺术。

罗素:《教育的目的》

时常可以听见有人说:"教师应当……"教师应当精心备课,应当把所有个人的和家庭的烦恼和痛苦统统留在教室门外。教师应当善于寻找通往每一颗心的途径。可是,我们却往往忽略了我们应当给予教师的东西。

苏霍姆林斯基:《教育的艺术》

教师的职业是一种责任最重大、最光荣的职业。这一职业的作用和意义必将日益增加和提高。

克鲁普斯卡娅

什么是真正的教育? 它就如同是一个园丁的艺术,在他的照看下,百花齐放、万木争春。……园丁并不能让树生根,他也不能让树干长出树叶,最后成为一棵大树。……他仅能在干土上浇水,以便树根能顺利生长,除此之外,他什么也干不了。水太多时,他要排水,并要注意不让任何外来的暴力毁坏树根、树干或树枝。教育家也同样如此。他不能给人任何一点力量,他既不能给人以生命,也不能让他呼吸,他仅仅能注意不让外来的暴力损害或打扰他,他要关照让发展沿着固有的规律前进。

裴斯泰洛齐:《一八一八年的讲演》

教育不是什么无忧无虑、安逸闲适的田园生活,它每一步都会遇到困难;教育技能就在于善于正视并克服这些困难。

教师站在人们未来专业的摇篮边,因为他应当是第一个能够看出和发展学生能力的人,他应当首先看清楚学生中未来的设计师、飞行家、农学家、工程师、医师、工业和农业的劳动者或科学和文化的活动家。

凯洛夫:《教育学》

一个孩子的精神面貌,首先要看在他生活起步的道路上是由一个什么样的老师引导而定。

苏霍姆林斯基:《帕夫雷什中学》

教师,这是学生智力生活中第一盏,继而也是主要的一盏指路灯;是他在激发学生的求知欲,教会他们尊重科学、文化和教育。

苏霍姆林斯基:《帕夫雷什中学》

教师必须为形成较好人类而献出一切。

蒙台梭利:《儿童教育》

师生的相互关系,首先就要谈教师的人格的问题,因为教师是领导者,所以不能不谈教师的人格。教师是有两种人格的,一种是"经师"(因为中国过去教经书中的知识的称经师,现在是教科学知识,为了容易记,所以仍袭用这个名称),一种是人师,人师就是教行为,就是怎样做人的问题。经师是教学问的,就是说,除了教学问以外,学生的品质,学生的作风,学生的生活,学生的习惯,他是不管的,人师则是这些东西他都管。我们的教学是要采取人师和经师二者合一的,每个教科学知识的人,他就是一个模范人物,同时也是一个有学问的人。

徐特立:《各科教学法讲座》

只有一门学科是必须要教给孩子的,这门学科就是做人的天职。……我宁愿把有这种知识的老师称为导师而不称为教师,因为问题不在于要他拿什么东西去教孩子,而是要他指导孩子怎样做人。

卢梭:《爱弥儿》

可以大胆地说,如果教师很有威信,那么这个教师的影响就会在某些学生身上永远留下痕迹。

加里宁:《在〈教师报〉编辑部所召开的城乡优秀教师会议上的讲演》

教师的职业是一种责任最重大、最光荣的职业。这一职业的作用和意义必将日益增加和提高。

克鲁普斯卡娅:《当一个教师是很光荣的事情》

国将兴,必贵师而重傅;贵师而重傅,则法度存。国将衰,必贱师而轻傅;贱师而轻傅,则人有快;人有快则法度坏。

荀况:《荀子·大略》

一个民族如何培养教师、尊重教师,以及在何种气氛下按照何种价值标准和自明性生活,这些都决定了一个民族的命运。

雅斯贝尔斯:《什么是教育》

哪个学校的工作一蹶不振,教师是责无旁贷的;工作搞得出色,也应归功于教师……教师对于学校,有如太阳对于宇宙。他是推动整个学校机器的力量的源泉。

第斯多惠

古之学者必有师。师者,所以传道授业解惑也。人非生而知之者,孰能无惑?惑而不从师,其为惑也,终不解矣。……是故无贵无贱,无长无少,道之所存,师之所存也。……孔子曰:"三人行,则必有我师。"是故弟子不必不如师,师不必贤于弟子。闻道有先后,术业有专政,如是而已。

韩愈:《韩昌黎全集·师说》

教师工作不仅是一个光荣重要的岗位,而且是一种崇高而愉快的事业。它对国家人才的培养、文化科学教育事业的发展,以及后一代的成长,起着重大的作用。教书不仅是传授知识,更重要的是教人。

徐特立:《徐老和青年学生谈投考师范问题》

人类之职业,没有比教师更为重要的。衣食住行的改良,科学美术的创造,迷信偏见的破除,世界大同的推进,无一不出于人为。人何以能为?由其有知识能力。知识能力何恃而养成?由于教师。所以教师是最负责、最有势力的。

蔡元培:《〈世界教联半月刊〉发刊词》

教师不但本身要进行自我教育、自我完善,同时还要教育别人。教师应当以教育事业为终身职业,自我教育也是终身教育,因此意义更为深远。

第斯多惠:《德国教师培养指南》

教师工作是一桩最困难的工作,在最后的结果上说,可能是责任最重大的工作——要求一个人不仅要有最大的勤奋努力,而且要有极大的能力、极大的才干。

马卡连柯:《论共产主义教育》

如果得不到足够数量合格的教师,任何最使人钦佩的改革也势必要在实践中失败。……一般地讲,我们愈是要改进我们的学校工作,教师的任务就愈繁重……

皮亚杰:《教育科学与儿童心理学》

(二)教师应具备的素养

一个高明的教师,当他接受托付给他的儿童时,应当首先弄清楚他的能力和资质。……有些孩子是懒惰的,除非你激励他;有些孩子一听到吩咐就发怒;恐吓能约束某些孩子,却使另一些孩子失去生气;有些孩子由于持续的勤劳而得到陶冶,另一些孩子因短期的努力而成就更好。

昆体良:《昆体良论教育》

不论教育者怎样地研究了教育学理论,如果他没有教育机智,他就不可能成为一个优良的教育实践者。这种所谓教育机智在本质上不是什么别的东西,无非是文学家、诗人、演说家、演员、政治家、传教者,一句话,就是一切想跟教育学者一样对别人的心灵发挥某种影响的那些人所需要的那种心理学的机智。

乌申斯基:《人是教育的对象》

一般地说来,教育学是最辩证、最灵活的一种科学,也是最复杂、最多样化的一种科学。这种见解是我的教育信念的基本标态。

马卡连柯:《普通学校的苏维埃教育问题》

教师应当是德才兼备的人……既教学生怎样演讲,又教学生怎样做人。

昆体良:《雄辩术原理》

为什么教师要研究心理学、教育史、各科教学法一类的科目呢？有两个理由：一、有了这类知识，他能够观察和解释儿童心智的反应——否则便易于忽略。二、懂得了别人用过的有效的方法，他能够给予儿童以正当的指导。

杜威:《思维与教学》

如果我们对于教师要掌握教育学和心理学知识这一点估计不足，那也是错误的。有了这方面的知识，教师才有可能把教材变成学生的真正的财富。

赞科夫:《和教师的谈话》

……一个懂得教育学、心理学、教学法的教师，教起书来总要比较好些。

徐特立:《徐老和青年学生谈投考师范问题》

学生是充满活力的，教育的目的就是刺激和指导他们的自我发展。由此前提推论，教师也应当富有活力、思维活跃。

怀特海:《教育的目的》

教师具有优秀的能力和知识，又有充分发展的人格，他自己是环境中的一个经常的和最重要的因素,他对在他周围成长着的儿童起着同样决定性的影响,因为这种影响采取间接的暗示和示范的形式,而不采取教训和命令的形式。

沛西·能:《教育原理》

一个教育者应该爱年轻人,但是仅仅这一点是不够的;他还必须具有对人类优秀品质的正确理解。

罗素:《教育与美好生活》

把教学比作艺术,从许多方面看都是十分有益的。把教学比作艺术就是承认了教师素质的基本意义,这些素质包括对学生存在的困难有洞察力,有直觉印象,能敏感地意识到学生的困难,对学生的需要同情并理解。

巴格莱:《教育与新人》

毫无疑问,在学校中许多东西取决于学校总的规章制度,但最主要的方面则永远取决于与学生处于面对面地位的直接教育者的个性:教育者的个性对年轻的心灵是一种巨大的力量;无论是教科书,还是道德格言,或是奖惩制度,都代替不了这种力量。

乌申斯基:《论教育书刊的益处》

在为孩子选择导师时要非常小心谨慎,我宁愿推荐一位心神镇静、稳健的导师,而不愿推荐一位头脑塞得满满的人。……我还是喜欢有智慧、有判断能力、习惯文雅和举止谦逊的人,而不喜欢空空洞洞、只有书本知识的人。

蒙田:《论儿童的教育》

凡是教师缺乏爱的地方,无论品格还是智慧,都不能充分地或自由地发展。……每一个要成为幼年儿童的好教师的人,都必须具有弥漫四射的父母本能。随着学生年龄的增长,这种本能的重要性也就减少。但是,只有那些具有这种本能的人才能信托他们制订教育计划。

罗素:《教育与美好生活》

教育者的第一门科学,虽然远非科学的全部,也许就是心理学。……但这门科学绝不能替代对儿童的观察。因为个性只能被发现,而不能由心理学推断出来。所以事先对一个学生作出构想,这本身就是一种错误说法。

赫尔巴特:《普通教育学》

教育过程有两个方面:一个是心理学的,一个是社会学的。它们是平列并重的,哪一个也不能偏废;否则,不良的后果将随之而来。

杜威:《我的教育信条》

在教育中,一切都应当以教育者的人格为基础,因为教育的力量只能从人格的生动源泉中涌现出来。任何规章、任何教学大纲、任何人为的学校机构,无论它考虑得多么周密,都不能代替人格在教育工作中的作用。

乌申斯基:《学校的三个要素》

教师不仅是知识的传播者,而且是模范。……教师也是教育过程中最直接的有象征意义的人物,是学生可以视为榜样并拿来用自己作比较的人。

布鲁纳:《教育过程》

我们希望我们的教师都能喜欢教自己所担任的那门课程,希望他能对这门课程发生兴趣,并且能够把自己的兴趣传到儿童身上。我国有很多热情充沛的教师,他们热爱自己的工作,热爱自己所担任的那门课程,并且能够通过自己对这方面知识的爱好来引起儿童的爱好。

克鲁普斯卡娅

在给学生上课的过程中,教师的全神贯注是很重要的。这种全神贯注的精神首先取决于教师热爱儿童、热爱自己的职业和拥有丰富的科学知识。

赞科夫:《和教师的谈话》

如果在我们全体教师中有一位有才能的、醉心于自己的事业的数学教师,那么在学生中必然会出现一批有能力、有才华的数学家。没有优秀的数学教师,就没有禀赋很高的学生;在这种情况下,具备数学禀赋的学生永远也不会表现出这方面的才能来。

苏霍姆林斯基:《教育的艺术》

　　有一句俗话说:"漂亮的孩子人人都喜欢,而爱难看的孩子才是真正的爱!"……对于这种"难看的"学生,如果我们真正地了解他,教师很可能发现,原来他有着一副爱钻研的头脑,一颗体贴和同情别人的好心肠,以及一种异乎寻常的积极性。

赞科夫:《和教师的谈话》

　　真正的教育者向来都是情感丰富的人。他对欢乐、对忧愁、对令人担心的事,都有着深刻的内心体验。如果儿童觉察出自己教师的感情是真诚的,他们就会信任他。

苏霍姆林斯基:《和青年校长的谈话》

　　热爱孩子是不可能在任何学府中或任何书本中学到的。这种能力是在一个人参加公共生活的过程中,在他与其他人的相互关系中发展起来的。但就其本质讲,经常跟孩子们交往的教育工作本身就是在不断加深对人的热爱和对人的信任。

苏霍姆林斯基:《帕夫雷什中学》

　　对教材了解得很肤浅的教师,尽管使用漂亮的词句,借以加强对学生意识的影响,然而结果只是造成一种可悲的虚假气氛。实际上是空话连篇,言之无物。这些只能使儿童的心灵变得空虚。

苏霍姆林斯基:《和青年校长的谈话》

同情,友爱,集体主义,——每个教师都应当把这些特点带进学校的精神生活。

苏霍姆林斯基:《帕夫雷什中学》

教师是按照以下原则选择的:首先,要有教书和教育儿童的道德权;其次,要勤奋工作;第三,要爱儿童,无论在教育过程中发生什么困难,都相信儿童会成为合格人才。

苏霍姆林斯基:《教育的艺术》

读书、读书、再读书。不要在校长的压制和监督之下去读书,而要把读书当作精神的第一需要,当作饥饿者的食物。

苏霍姆林斯基:《教育的艺术》

教育素养是由什么组成的呢?这首先就是教师精通自己所教的学科。我们认为务必使教师清楚地了解他在学校里讲授其基础知识的那门科学中最复杂的问题,了解这门科学的学术思想的尖端性问题。

苏霍姆林斯基:《和青年校长的谈话》

扩充教师的科学知识量,几乎成了提高学生的知识质量和提高教师在学生心目中的威信的最重要的条件。

赞科夫:《和教师的谈话》

一个真正的教育家,必然会是一个书迷。

苏霍姆林斯基:《教育的艺术》

不论你是多么亲切,你的话说得多么动听,态度多么和蔼,不论你在日常生活中和休息的时候是多么可爱,但是假如你的工作总是一事无成、总是失败,假如处处都可以看出你不懂业务,假如你做出来的成绩都是废品和"一场空"——那么除了蔑视之外,你永远不配得到什么。

马卡连柯:《教育诗》

一个好的教师意味着什么呢?这首先意味着,他是这样一个人:他爱儿童,他能在跟儿童交往中找到欢乐,他相信每一个孩子都能够成为好人,他善于同儿童友好相处,他和儿童心息相通、忧喜与共,他了解儿童的心灵,从不忘记自己也曾经是一个孩子。

苏霍姆林斯基:《教育的艺术》

热情的老师,你要保持纯朴,谨言慎行。

卢梭:《爱弥儿》

为了做孩子的老师,你自己就要严格地管束你自己。

卢梭:《爱弥儿》

亲切的交谈,如果适合父亲用来对待儿子,它就更适合导师用来对待学生。

洛克:《教育漫话》

决定教师言语效果的主要东西——是言语中的诚意。学生十分细腻地感受教师言语中的真实性,敏感地回应诚挚的言语。他们对不是出自内心的、虚伪的言语有着更细腻的感受。

苏霍姆林斯基:《教育的艺术》

学校生活中的许多不幸和困难的根子,在于教师教育学思想的贫乏。这种贫乏表现在,他在传授知识,把知识从自己的头脑里搬运到学生的头脑中去,而不知道学生的头脑里究竟在发生什么变化。

苏霍姆林斯基:《教育的艺术》

教学论是指教学的艺术。……一种把一切事物教给一切人类的全部艺术,这是一种教得准有把握的艺术;它又是一种教来使人感到愉快的艺术,它不会使得教员感到烦扰,或使学生发生厌恶的心情,它能使得教员与学生全都得到最大的快乐;它又是一种教得彻底,不肤浅,不铺张,却能使人获得真实的知识、高尚的友谊和最深刻的虔信的艺术。

夸美纽斯:《大教学论》

不论教育者怎样地研究了教育学理论,如果他没有教育机智,他就不可能成为一个优良的教育实践者,这种所谓教育机智的本质上不是什么别的东西,无非是文学家、诗人、演说家、演员、政治家、传教者,一句话,就是一切想跟教育学者一样对别人的心灵发挥某种影响的那些人所需要的那种心理学的机智。

乌申斯基:《人是教育的对象》

一个好的教师,是一个懂得心理学和教育学的人,他理解并感到,没有关于教育科学的知识,便不可能对儿童进行工作。

苏霍姆林斯基:《教育的艺术》

教育学如果希望从一切方面去教育人,那么首先它就必须也从一切方面去了解人。

乌申斯基:《人是教育的对象》

教育作为一种科学,是以实践哲学与心理学为基础的。前者指明目的,后者指明途径、手段以及对教育成就的阻碍。

赫尔巴特:《教育学讲义纲要》

教育学应当成为众人的科学——不论是教师还是家长。

苏霍姆林斯基:《帕夫雷什中学》

教师必须有独创性。他对学生要成为理性和启蒙的真实的火炬,使学生得以揭穿自己的错误意见,而被引导到真理的道路上去。

第斯多惠:《德国教师教育指南》

教师的威信首先建立在责任心上。威信是要自己来创造的,要利用生活中的任何机会来树立威信。在好的集体中威信是不可能被破坏的,集体本身就支持它的。

马卡连柯:《论共产主义教育》

难道敏锐的观察力不是一个教师最可宝贵的品质之一吗?对于一个有观察力的教师来说,学生的欢乐、兴奋、惊奇、疑惑、恐惧、受窘和其他内心活动的最细微的表现,都逃不过他的眼睛。一个教师如果对这些表现熟视无睹,他就很难成为学生的良师益友。

赞科夫:《和教师的谈话》

教师的言语——是一种什么也代替不了的影响学生心灵的工具。教育的艺术首先包括说话的艺术,同人心交流的艺术。我坚决相信,学校里往往带来很大不幸的冲突,大多数根源就在于教师不善于同学生谈话。

苏霍姆林斯基:《教育的艺术》

教师的语言修养对学生在课堂上的脑力劳动起着决定性的作用。我们证实,高度的语言修养是合理利用教学时间的重要条件。教师未能用儿童可以接受的、鲜明的语言表达清楚事物的现实和概念,因而不得不多次重复讲解,这要浪费多少时间啊!

苏霍姆林斯基:《和青年校长的谈话》

野蛮产生野蛮,仁爱产生仁爱,这就是真理。待儿童没有同情,他们就变得没有同情;而以应有的友情对待他们就是一个培养他们友情的手段。

斯宾塞:《教育论》

不能把教师对儿童的爱,仅仅设想为用慈祥的、关注的态度对待他们。这种态度当然是需要的。但是对学生的爱,首先应当表现在教师毫无保留地贡献出自己的精力、才能和知识,以便在对自己学生的教学和教育上,在他们的精神成长上取得最好的成果。

赞科夫:《和教师的谈话》

教育者和教师必须在他自身和在自己的使命中找到真正的教育的最强烈的刺激……把自我教育作为他终身的任务……

第斯多惠:《德国教师教育指南》

一个教师! 啊,是多么高尚的人! ……事实上,为了要造就一个人,他本人就应当是做父亲的或者是更有教养的人。

卢梭:《爱弥儿》

人人希望做导师的人具有一个谨严的和一个学者的性格。

洛克:《教育漫话》

做导师的人自己便当具有良好的教养,随人、随时、随地,都有适当的举止和礼貌。

洛克:《教育漫话》

教学中维持纪律的能力，……来源在于教师的充沛的精力和意志的坚定性，一句话，在于教师的性格的力量。

第斯多惠：《德国教师教育指南》

不管教育者或教师如何把他的最深刻的道德信念隐藏得怎样深，而只要这些信念在他内心存在着，那么，这些信念也可能表现在加在儿童身上的那些影响上，……并且这些信念愈是隐蔽，则它们的影响作用愈是有力。

乌申斯基：《人是教育的对象》

教书是一种很愉快的事业，你越教就会越爱自己的事业。当你看到你教出来的学生一批批地走向生活，为社会做出贡献时，你会多么高兴啊！青出于蓝，而胜于蓝，后来居上，这里不也正包含着你的一份辛勤的成绩在里面吗？

徐特立：《徐老和青年学生谈投考师范问题》

教师的威信首先建立在责任心上。

马卡连柯：《论共产主义教育》

（三）教师应具有的教育机智

教师在培养青年人获得机智、处理他们的工作方面，应该花费90%的准备时间……尤其是对聪明的学生，教不是必需的，但以必要的机智去培养他们的兴趣,则是必不可少的。因为这种智能提供大量的想象、思考和工作的机会。

　　罗杰斯:《在巨人的肩上——如果我是教师,我将询问我自己的问题》

　　要想吸引学生的注意力就得千方百计充分发挥我们的特点或者利用其他巧妙的办法,在讲授课文时要尽情流露自己的个性,把课文讲得妙趣横生,引人入胜。兴趣会促进一个人的爱好,唯有有教养的人才能领会兴趣,兴趣按其本身来说能促进培养。教师要有熟练的技巧来活跃课堂教学,引起学生的浓厚学习兴趣,因为兴趣会使学生自然而然对真、善、美发生乐趣,并会使学生甘心情愿追求真、善、美。

　　第斯多惠:《德国教师培养指南》

　　教育艺术在于,不仅要使人的关系、成人的榜样和言语以及集体里精心保持的种种传统能教育人,而且也要使器物——物质和精神财富——能起到教育作用。依我们看,用环境、用学生自己创造的周围情景,用丰富集体精神生活的一切东西进行教育,这是教育过程中最微妙的领域之一。

　　苏霍姆林斯基:《帕夫雷什中学》

　　要做各种各样的研究,就应当实地去观察而不应当仅仅是念书本。

　　卢梭:《爱弥儿》

　　对于儿童的教学,真正感觉的观察比之单纯的描述更为可取。

　　赫尔巴特:《教育学讲义纲要》

教师决不可忘记,对于种种冲突,只要能在一种健康气氛中加以解决,那么冲突也会具有教育价值。与学生所发生的冲突是对教师的最大考验。他必须全力运用自己的见识;切勿使他的知识锋芒失去刺激作用,但他必须同时做好准备对被它刺伤的心灵敷以刀伤药膏。他一刻也不许运用一种诡辩技巧来替代为真理而进行真正的争辩。

布贝尔:《品格教育》

在学龄期,学习和教育应当成为人们生活的主要兴趣,但是为了学习和教育,必须使受教育者包围在良好的气氛中。如果环绕儿童或青年周围的一切事物完全把他从学习吸引到相反的一面,则教师要灌输他对学习的尊重的一切努力将是徒然的。

乌申斯基:《劳动的心理和教育意义》

只有知道怎样在青年的心灵中培养各部分密切联系的广大思想范围,并有克服环境中什么是不利的与分解和吸收环境中什么是有利的能力的那些人,方才能运用教育的全部力量。

赫尔巴特

教育是一种最困难的事业。优秀教育家们认为,教育不仅是科学事业,而且是艺术事业。

加里宁:《论共产主义教育》

我认为教学和教育过程有三个源泉:科学、技巧和艺术。谁要领导好教学和教育过程,谁就要精通教学和教育的科学、技巧和艺术。

苏霍姆林斯基:《和青年校长的谈话》

　　要想学生好学,必须先生好学。唯有学而不厌的先生才能教出学而不厌的学生。

陶行知:《答山西铭贤学校徐正之先生书》

　　我们要特别当心使孩子在学习时避免麻木不仁的教师,正如嫩弱的幼苗要避开干涸的土壤一样。

昆体良:《雄辩术原理》

　　只有对人和人的本性的彻底的、充足的、透彻的认识,根据这种认识,加以勤恳的探索,自然地得出有关养护和教育人所必须的其他一切知识以后,……才能使真正的教育开花结果,欣欣向荣。

福禄培尔:《人的教育》

　　要尊重儿童,不要急于对他作出或好或坏的评判。让特异的征象经过一再地显示和确实证明之后,才对它们采取特殊的方法。

卢梭:《爱弥儿》

　　如果谁希望自己的儿子尊重他和他的命令,他自己便应十分尊重他的儿子。

洛克:《教育漫话》

只有当教育建立在相信孩子的基础之上时,它才会成为一种现实的力量。如果对孩子缺乏信心,不信任他,则全部教育智谋,一切教学和教育上的方法和手段都将像纸牌搭小房一样定然倒塌。此外,要使孩子相信自己的力量,从不向困难低头,他还应当相信他的老师,不仅看到老师的榜样,而且得到他的支持和帮助。

苏霍姆林斯基:《帕夫雷什中学》

不要对你的学生进行任何各类的口头教训,应该使他们从经验中去取得教训。

卢梭:《爱弥儿》

教师批评的教育力量取决于批评的道德性质,取决于批评的分寸和威信。……如果教师不是进行细腻的、恰当的批评,而是代之以"采取"痛骂一顿的办法,刺伤学生的自尊心,这样做会使学生变得冷酷、绝望、凶横和孤僻。他们会以充满敌意的态度对待教师。批评的艺术在于严厉与善良的圆满结合:学生应该在教师的批评中感受到的不仅是合乎情理的严厉,而且是对他充满人情味的关切。

苏霍姆林斯基:《教育的艺术》

我们不能为了惩罚孩子而惩罚孩子,应当使他们觉得这些惩罚正是他们不良行为的自然后果。

卢梭:《爱弥儿》

如果一个人不相信孩子，如果他稍有挫折，就沮丧，就绝望，如果他认为孩子将会一事无成，认为他在学校不会有所作为，那么，他不仅会使孩子们痛苦，而且自己也会终生都感到苦恼。

苏霍姆林斯基：《帕夫雷什中学》

如果你怀疑某件事情，你就直说，不要把疑团、特别是对孩子的不信任搁在心里，对教师来说这是一种十分有害的负担。

苏霍姆林斯基：《帕夫雷什中学》

注意儿童的环境是教师的第一个职责，也是最重要的职责。虽然其影响是间接的，但是，如果教师不做好这项工作，儿童的身体、智力或精神各方面都无法产生有效而永恒的结果。

蒙台梭利：《有吸收力的心理》

善于精细地观察学生能力的差异，弄清每个学生的天性的特殊倾向，人们通常认为这是优秀教师的标志之一。这是有道理的，因为各个人的才能的确有着不可思议的差别，人心之不同，各如其面。……教学要能培植各人的天赋特长，要沿着学生的自然倾向最有效地发展他的能力。

昆体良：《雄辩术原理》

培养科学世界观，就意味着教师深入理解儿童的内心世界，善于对儿童的思维、认识周围世界的过程和劳动活动进行合乎教育学的指导。

苏霍姆林斯基：《帕夫雷什中学》

如果在一些学校里有的孩子心怀戒备、易于发怒、猜疑心重,有的甚至性情凶悍,那只是由于教师不了解他们,没有找到通向他们心灵的道路,不善于做他们的同志。如果缺少同孩子的友谊,在精神上同孩子没有共同点,教育就会在黑暗中迷失路径。

苏霍姆林斯基:《教育的艺术》

假如教育者具有发现能力,那么他们将会利用他们发现的一切,激发他们细心照料的对象,并使其从事活动;而假如他们能够谨慎行事的话,那么他们将会排除那些可能会有害于其学生健康、性格和礼貌的一切。

赫尔巴特:《普通教育学》

真正的教学把握住整个人。

第斯多惠:《德国教师教育指南》

每个孩子在思想、观点、情感、感受、快乐、不安、悲伤、忧虑方面都是一个独特的世界。教师应当认清并熟悉自己学生的这个精神世界。

苏霍姆林斯基:《帕夫雷什中学》

了解儿童,了解他们的爱好和才能,了解他们的精神世界,了解他们的欢乐和忧愁,恐怕没有比这一点更重要的事了。

赞科夫:《和教师的谈话》

不称职的教师强迫学生接受真知,优秀的教师则教学生主动寻求真知。前者是从上而下,从顶端开始寻找基础;后者是从下向上,从学生立足的基础开始,逐渐上升到顶端。

第斯多惠:《德国教师培养指南》

让学生体验到一种自己在亲身参与掌握知识的情感,乃是唤起少年特有的对知识的兴趣的重要条件。当一个人不仅在认识世界,而且在认识自我的时候,就能形成兴趣。没有这种自我肯定的体验,就不可能有对知识的真正的兴趣。

苏霍姆林斯基:《给教师的建议》

科学知识是不应该传授给学生的,而应当引导学生去发现它们,独立地掌握它们。这种教学方法是最好的,但是它又是最困难的、最少见的。……一个真正的教师指点给他的学生的,不是已投入了千百年劳动的现成的大厦,而是促使他去做砌砖的工作,同他一起来建造大厦,教他建筑。……一个坏的教师奉送真理,一个好的教师则教人发现真理。

第斯多惠:《德国教师教育指南》

锻炼感官,并不仅仅是使用感官,而且要通过它们学习正确的判断,也就是说要学会怎样去感受;因为我们只有经过学习之后,才懂得应该怎样摸、怎样看和怎样听。

卢梭:《爱弥儿》

教学的艺术不在于传授的本领，而在于激励、唤醒、鼓舞。

第斯多惠：《德国教师教育指南》

发展主动性和充分了解学科知识，这样的教学才是持续性的教学。

第斯多惠：《德国教师教育指南》

如果你不首先培养活泼的儿童，你就决不能教出聪明的人来。

卢梭：《爱弥儿》

如果教师的聪明才智"深化"到培养每个学生"创造性的能力"上来，如果教师所讲的话善于激励学生投入创造性的能力的竞赛，那么，学校里将不会有一个平庸的学生，理所当然的，生活中也将不会有一个不幸的人。

苏霍姆林斯基：《教育的艺术》

教学对教师本人来说乃是一种最高意义的、自我教育的学校。

第斯多惠：《德国教师教育指南》

子曰："爱之，能勿劳乎？忠焉，能勿诲乎？"

孔子：《论语·宪问》

凡是教师缺乏爱的地方，无论品格还是智慧都不能充分地或自由地发展。

罗素：《教育与美好生活》

真正的教育就是智慧的训练。……经过训练的智慧乃是力量的源泉。

贝斯特:《教育的荒地》

在教育界立身的人,应该以教育为唯一的趣味,更不消说了。一个人若是在教育上不感觉有趣味,我劝他立刻改行。

梁启超:《趣味教育与教育趣味》

如果你想使一种良好的教育的效果对一个人的一生都发生作用的话,你就要使那个人在青年时期保持他在童年时期养成的良好习惯;当你的学生已经变成了你所想象的人,你就要使他在任何时候都始终是那个样子。要做到这一点,你的工作才算最后完成。

卢梭:《爱弥儿》

最重要的教育任务之一就是使每个孩子在掌握知识的过程中体验到人的自尊心和自豪感。教师不仅应向学生展示世界,而且还应确认孩子是周围世界中一个会为自己的成绩感到自豪的积极的创造者。教学是在集体中进行的,但孩子是独立地在认识的道路上迈出自己的每一步的;脑力劳动——这是一种极为个体化的过程,这个过程不仅取决于孩子的能力,而且还取决于孩子的性格和其他很多经常不被觉察的条件。

苏霍姆林斯基:《把整个心灵献给孩子》

真正的学校乃是一个积极思考的王国。

苏霍姆林斯基：《教育的艺术》

教学必须符合人的天性及其发展的规律。这是任何教学的首要的、最高的规律。

第斯多惠：《德国教师教育指南》

真正的教育能手对学生的行为、举止从道德上给予评分时，不是使用尖锐的、"严厉的"字眼，而是首先使用具有细微感情色彩的常见词语。

苏霍姆林斯基：《教育的艺术》

人有着自己的成长时期，教育工作不与之相适合，就会阻碍人本身的一切发展。

别林斯基：《新年的礼物》

任何一门学科的教学一定要这样地进行，要使留给学生的劳动量正是他的青春活力所能胜任的。

乌申斯基：《劳动的心理和教育意义》

我们要极力地锻炼学生，使他们得到观察、知疑、假设、试验、实证、推想、会通、分析正确种种能力和态度，去探求真理的泉源。

如果你想做到使儿童愿意好好学习，使他竭力以此给母亲和父亲带来欢乐，那你就要爱护、培植和发展他身上的劳动的自豪感。这就是说，要让儿童看见和体验到他在学习上的成就。不要让儿童由于功课落后而感到一种没有出路的忧伤,感到自己好像低人一等。

苏霍姆林斯基:《给教师的建议》

如果你所追求的只是那种表面的、显而易见的激情,目的只是引起学生对学习和上课的兴趣,那你就永远无法培养起学生对脑力劳动的真正热爱。你应当努力促使学生自己去发现兴趣的动力,使他们在这个发现过程中能够体验到自己的劳动和成就,这本身就是一件非常有趣的事情。

苏霍姆林斯基:《给教师的建议》

激发和鼓舞孩子们的兴趣,增强他们进行解决问题的能力。同时还有一项特殊的目标有待实现——教给孩子们分析问题的方法,让他们具备这种综合能力,用一种可以理解的方法来解决问题。

布鲁纳

教育的最终目标是:使身体锻炼和思想锻炼互相协调……我们在开头锻炼了他的身体和感官之后,又锻炼了他的思想和判断能力。这样,我们就能使他把四肢的运用和头脑智力的运用互相结合起来。

卢梭:《爱弥儿》

教师所知道的东西,就应当比他在课堂上要讲的东西多十倍、多二十倍,以便能够应对自如地掌握教材,到了课堂上,能从大量的事实中挑选出最重要的来讲。

苏霍姆林斯基:《给教师的建议》

孩子是活生生的生命,美好的生命,因此对待他们就该像对待同志和公民一样,必须了解和尊重他们的权利和义务:享受快乐的权利,担当责任的义务。

马卡连柯

教师决不可忘记,对于种种冲突只要能在一种健康气氛中加以解决,那么冲突也会具有教育价值。与学生所发生的冲突是对教师的最大考验。

布贝尔:《品格教育》

教学必须从学习者已有的经验开始。

杜威:《经验与教育》

最重要的是,教师要以慈爱宽怀的态度对待学生,他应当明白,父母把孩子托付给他,他就是在代替父母职责的位置。他既不应让自己有恶习,也不应放纵学生有恶习。他应当严厉而不冷酷,和蔼而不纵容,否则,冷酷就会引起厌恶,纵容也会引致对你的轻鄙。

昆体良:《雄辩术原理》

每个人的心灵都有它自己的思想方式,必须按它的方式指导他;必须通过它这种方式而不能通过其他的方式去教育,这样才能使你对他花费的苦心取得成绩。你必须在好好地了解你的学生性格之后,才能对他说第一句话,先让他性格的种子自由自在地表现出来,不要对它有任何约束,这样才能全面地详详细细地观察他。

卢梭:《爱弥儿》

教育者只有赢得了学生的信任,学生对接受教育的反感才会被克服。而让位于一种特殊情况:学生把教育者看作一个可以亲近的人。学生感到可以信赖这个人,这个人并不使他为难,而是正在参与他的生活,在有意要影响他使之与他亲近,于是他便学习提问了。

布贝尔:《品格教育》

(四)教师应掌握的教学技巧

教书,并不是像注水入瓶一样,注满了就算完事。最重要的是引起学生读书的兴味,做教员的,不可一句一句,或一字一字的都讲给学生听。最好使学生自己去研究,教员竟不讲也可以,等到学生实在不能用自己的力量了解功课时,才去帮助他。

蔡元培:《普通教育和职业教育》

强制学习,必须坚决禁止。将人当成机械,将教师当成唱机,将学生当成背书机器,这决不能产生创造性教育,个性得不到发展,当然也不能指望对世界文化做出贡献。

小原国芳

因为把知识自身看作独立的目的,所以古代的观念把知识看作一件现成的东西,拿来拿去,你传给我,我又传给别人,或是摆设起来,供人赏玩。知识就像一些金钱。守财奴积了许多钱,越积越多,越多越好,全不问金钱有什么用处,只觉得积钱是人生唯一目的。旧式的知识论正同守财奴的积财观念。

杜威:《现代教育的趋势》

教学基本类似于其他类别的职业。从某些方面看,教学如同手工艺人的职业。一个胜任的教师,其工作中包含一些必备的技能因素,如清晰的发音,恰当地调节抑扬顿挫的音调,娴熟地运用英语语言,工整干净的板书,等等。

巴格莱:《教育与新人》

教员的巨大技巧在于集中与保持学生的注意,一旦办到了这一点,他就可以在学生力所能及的范围以内尽速前进了。否则他的一切纷扰忙碌,结果就会很少,甚至没有结果。

洛克:《教育漫话》

要拨动学生的心弦,要"心心相印",教育的深刻意义由此才能油然而生。彼此的人格戛然相碰，那迸发的火花不正是我们遥望而又想接近的求之不得的光明吗！要是彼此之间没有这种关系，学生走学生的路，教师走教师的路，将是何等的冷清寂寥啊！

小原国芳

正确地进行教育不是一件简单容易的事，而是一个复杂和困难的任务……要点钻研，要点机智，要点忍耐，要点自制。

斯宾塞：《教育论》

我希望你们一生都做教师……想成为专家，只能钻研一门科学，我希望你们钻研教育科学。学习不能只学课本，把知识在实践中运用起来，才能丰富它。你们如果在教育科学中能解决实际问题，有创造，就是专家了。

徐特立：《我希望你们一生都做教师》

良好的方法可以增进学生的效能，乃至加速他们的心理成长而无所损害。

皮亚杰：《教育科学与儿童心理学》

教育必须从心理学上探索儿童的能量、兴趣和习惯开始。它的每个方面，都必须参照这些考虑加以掌握。

杜威：《我的教育信条》

教育的艺术是使学生喜欢你所教的东西。

卢梭:《爱弥儿》

可悲的教学法必然会使孩子们的头脑无法接受平易、朴实和合理的教育。

欧文:《新社会观》

如果教育学希望从一切方面去教育人,那么就必须首先也从一切方面去了解人。

乌申斯基:《人是教育的对象》

……忽视人的多样性和硬把教育的任务问题放进对所有的人都适用的一句话里面,那会是不可思议的粗枝大叶。

马卡连柯:《儿童工学团工作方法的经验》

思维就像一棵花,它是逐渐地积累生命的汁液的。只要我们用这种汁液浇灌它的根,让它受到阳光的照射,它的花朵就会绽开。让我们教会儿童思考,在他们面前展开思维的最初的源泉——周围世界吧。让我们把人类最大的欢乐——认识的欢乐给予儿童吧!

苏霍姆林斯基:《给教师的建议》

教师的艺术是:决不要让学生把注意力放在那些无关紧要的琐碎的

事情上,而要不断地使他接触他将来必须知道的重大关系,以便使他能够正确地判断人类社会中的善恶。

卢梭:《爱弥儿》

无论教什么学科,第一步应该这样把它教给学生,使学生乐于研究,以奠定坚实的爱的基础。

沛西·能:《教育原理》

明智和任何其他品质都不会被属于它自身的快乐所妨碍,而只会被其他快乐所妨碍。所以,沉思和学习的快乐能使人思考和学习得更好。

亚里士多德:《尼各马可伦理学》

教育的艺术是使学生喜欢你所教的东西。为了使他对你所教的东西发生兴趣,那就不应该使他的脑筋对你所说的话是那样的默从,就不应该使他除了听你说话以外,便无事可做。

卢梭:《爱弥儿》

教育的可能性则取决于兴趣,是兴趣激起学习者发奋,是兴趣使他们将来觉得自己付出的努力是值得的,为了使自己有把握,他们得具备强烈的兴趣,这样才不会在半道上停止不前或者觉得所学的东西没有意义。

赫尔巴特:《赫尔巴特文集》

每一个教师都应该成为学生智慧的能干的启迪者；这是一条规则，不遵守这条规则，学校就不会成为学校。

苏霍姆林斯基:《教育的艺术》

一个教育者应该爱年轻人，但是仅仅这一点是不够的，他还必须具有对人类优秀品质的正确理解。

罗素:《教育与美好生活》

只有一门学科是必须要教给孩子的：这门学科就是做人的天职。……我宁愿把有这种知识的老师称为导师而不称为教师，因为问题不在于要他拿什么东西去教孩子，而是要他指导孩子怎样做人。

卢梭:《爱弥儿》

就逻辑本身而言，就哲学原理而言，就创造的特性而言，没有科学的研究便不可能有教育工作。如果你想让教育工作给教师带来乐趣，使每天上课不致成为一种枯燥而单调的义务和程序，那你就要引导每一个教师走上从事科学的、教育的研究这条道路上来。

苏霍姆斯基:《教育的艺术》

在教育中应该尽量鼓励个人发展的过程。应该引导儿童自己进行探讨，自己去推论。给他们讲的应该尽量少些，而引导他们去发现的应该尽量多些。

斯宾塞:《教育论》

比较聪明的教师注意系统地引导学生利用过去的功课来帮助理解目前的功课,并利用目前的功课加深理解已经获得的知识。

杜威:《民主主义与教育》

一个合格的教师不单单要教会学生怎样建造长期才能竣工的建筑物,同时也要教会学生怎样制造砖瓦,并要和学生一起动手施工,教会学生建好房屋的本领。

第斯多惠:《德国教师培养指南》

应该引导儿童自己进行探讨,自己去推论。但给他们讲的应该尽量少些,而引导他们去发现的应该尽量多些。

斯宾塞:《教育论》

一个能够动听地、明晰地教学的教师,他的声音便能像油一样浸入学生的心里,把知识一道带进去。

夸美纽斯:《大教学论》

教育——这首先就是人学。不了解孩子——不了解他的智力发展,他的思维、兴趣、爱好、才能、禀赋、倾向——就谈不上教育。

苏霍姆林斯基:《把整个心灵献给孩子》

(五)师生之间应和谐相处

通过对话,教师的学生及学生的教师等字眼不复存在,新的术语随之出现:教师学生及学生教师。教师不再仅仅是授业者,在与学生的对话中,教师本身也得到教益,学生在被教的同时反过来也在教育教师。他们合作起来共同成长。

弗莱雷:《被压迫者教育学》

最要紧的是,教师要以慈父的态度对待学生,他应当想到,父亲把孩子托付给他,他就是处于代行父亲职责的地位。他既不应自己有恶习,也不应容忍学生有恶习。他应当严峻而不冷酷,和蔼而不纵容,否则,冷酷会引起厌恶,纵容会招致轻视。

昆体良:《雄辩术原理》

不应长时间地与孩子过不去! 不要故意摆威风! 不要神秘地缄默! 而尤其不要虚伪地友好! 无论各种感情活动会发生多少变化,都必须保持坦率诚恳。

赫尔巴特:《普通教育学》

教师应当成为孩子的朋友,深入到他的兴趣中去,与他同欢乐,共忧伤,忘记自己是教师。这样,孩子才会向教师敞开他的心灵。学校只有当它成为孩子过愉快而有趣的生活并努力求取知识和钻研科学的园地时,才能成为教育基地。

苏霍姆林斯基:《帕夫雷什中学》

如果一个教师能努力去分析自己的课堂教学以及他与学生的相互关系中的优点和缺点,那他就已取得了一半的成功。

苏霍姆林斯基:《和青年校长的谈话》

如果教师成了孩子的朋友,如果这种友情因高尚的爱好和对于某种光明的、合理的事物的激情而得到升华,孩子的心灵里便永远不会出现邪恶的念头。

苏霍姆林斯基:《教育的艺术》

教育工作的技巧和艺术就在于以鲜明的榜样把这些可贵品德展现给青少年,以触动他们的心灵,引导他们的思想,激励他们追求道德最高标准的志向。

苏霍姆林斯基:《帕夫雷什中学》

只有当长辈个人榜样的力量产生影响时,当所有其他教育手段充分体现出道德的纯洁和崇高时,教师的话才具有教育的力量。

苏霍姆林斯基:《教育的艺术》

教学——并不是机械地把知识从教师那儿传授到孩子那儿,它首先是人与人之间的关系。儿童对知识和学习的态度，在很大程度上取决于他对教师的态度。如果学生觉得教师不公正，他会大为震惊。

苏霍姆林斯基：《把整个心灵献给孩子》

就教育工作的效果来说，很重要的一点是要看师生之间的关系如何。

赞科夫：《和教师的谈话》

一个只在上课时隔着讲桌跟学生会面的人是不会了解儿童心灵的，而不了解儿童，就不可能成为教育者。对这样的人来讲，孩子们的思想、情感和意愿都是不可理解的。教师的一张讲桌有时会变成一堵高大的石墙，教师在墙后向他的"敌人"——学生发动"进攻"，但更多的情况则是讲桌变成被包围的堡垒，"敌人"围攻它，而躲藏在里面的"指挥官"则感到手足无措。

苏霍姆林斯基：《把整个心灵献给孩子》

没有一个儿童是不想学好的。不好的东西总使儿童感到难受，不过他们还不善于把自己的力量用于正确的方面。教育者应该在这方面帮助他们，用心引导他们走上正轨。

任何时候都不要急于揭发儿童的不良的、应受指责的行为，不要急于把儿童的缺点在集体前当众宣布。应该让儿童表现出克服自己缺点的内在的精神力量，让集体首先看到他的好的方面。这就是教育艺术。

苏霍姆林斯基:《要相信孩子》

……孩子在自己的成功之中,而且正是在他得以最好地表现自己、发挥其全部精神力量的某种活动之中,吸取克服自身弱点(包括某些功课不及格)的道德力量。我们认为,教育者的任务在于发现每个受教育者身上一切最美好的东西,发展它们,不去用学校里的条条框框限制他们,鼓励独立的工作——进行创造。

苏霍姆林斯基:《教育的艺术》

教育的明智就在于保护受教育者,不降低他的人格。不应当使他感到自己是听凭命运摆布的一粒无能为力的尘埃。无论何时都要努力不让这生的意志受到压制。意志,形象地说,这是承载人的尊严感之大船的深水。性格执拗和不肯听话,要比唯唯诺诺、盲目服从好一千倍。

苏霍姆林斯基:《和青年校长的谈话》

第一件要做的事,就是要赢得孩子们的信任和热情。我相信,假如我做到了这一点,一切其余的问题也会随着解决了。

裴斯泰洛齐:《与友人谈斯坦兹经验的信》

有这样一些教师,他们总是力图通过简单的、似乎是最可靠的途径来纠正学生的缺点,把他们的弱点暴露在光天化日之下,希望孩子以批判的态度评价自己的行为,"醒悟过来",以后努力变好。可是,在绝大多数情况下,这种做法并不奏效。原因就在于,这条通向孩子心灵的道路仿佛在揭露和刺激孩子最痛苦、最敏感的部位:自爱心、个性的自尊和自豪感。于是,很自然地,孩子开始本能地保卫自己了。特别是当他确信他的痛苦使教师感到高兴时,情况更是如此。

苏霍姆林斯基:《教育的艺术》

一般来说,我谅解犯错误、做蠢事的孩子。这种谅解能触动孩子自尊心的最为敏感的一角,使孩子心灵中产生一种促使他纠正错误的积极向上的意志力。孩子不仅深深悔恨过去所犯的错误,而且以积极的行动将功补过……常有这种情况:比起那种情况下可能采取的惩罚行动来,谅解所产生的道德感召力要强烈得多。

苏霍姆林斯基:《教育的艺术》

我们时刻都在关心,要让心灵美的榜样——人的高尚行为、为社会福利而劳动的榜样——对于中、高年级学生成为珍贵的、神圣的东西。尤其重要的是,要让心灵美的人物能激发年轻人的思想,促使他们考虑自己的前程。

每个学生在他少年早期就应当崇爱上一个足以体现心灵美的人。

苏霍姆林斯基:《帕夫雷什中学》

真正的教育的这一重要规律,在实践中常常表现为:教育者很少去禁止学生做这做那，而是经常的、几乎是始终地用自己的榜样去激励和吸引学生。

苏霍姆林斯基:《和青年校长的谈话》

要看人的优良品质往往是很困难的。在人们实际的日常活动中，尤其在多少有点不健全的集体中，要想看出这种优良的道德品质几乎是不可能的。它过于被琐碎的日常斗争所掩盖，它消失在日常的冲突里。

马卡连柯:《论共产主义教育》

人生中最可怕的因而最需要用爱抚、温柔、关怀、关注、善意去抚慰的，就是遭到毁损和伤害的孩子的心。

苏霍姆林斯基:《帕夫雷什中学》

第三编　让学生学会学习和读书

（一）知识是无价的财富

人才有高下,知物由学,学之乃知,不问不识。

王充:《论衡·实知》

自然已经给健康安排了一些有效的保障,知识的缺乏却使它们大部分变成无用。

斯宾塞:《教育论》

学果可以致明而致知,则好学者可不谓之近智乎?

陆九渊:《好学近乎知》

为了真正地过一种光明而又幸福的生活,就应该有丰富的知识,应该反复思考,应该学会用脑子和双手来工作。生活需要知识,正如战争需要枪炮一样。

克鲁普斯卡娅:《生活需要知识,正如战争需要枪炮一样》

让学生体验到知识、智力生活是他的一种道德尊严。教师要这样来教育学生:造成一种风气,使他们感到不学无术、对书籍冷眼相看是不道德的。

苏霍姆林斯基:《给教师的建议》

夫所以读书学问，本欲开心明目，利于行耳。

颜之推：《颜氏家训·勉学》

玉不琢，不成器。人不学，不成行。

韩婴：《韩诗外传》

变知识为人所有，使教学充满高尚美好的思想，据我看来，这是普通学校和大学教育的头等重要的任务。

苏霍姆林斯基：《给儿子的信》

向头脑中灌输真理，只是为了保证不在心中装填谬误。

卢梭：《爱弥儿》

什么知识最有价值？一致的答案就是科学。

斯宾塞：《教育论》

科学还不只在智慧训练上是最好的，在道德训练上也是一样。

斯宾塞：《教育论》

学校应该授予儿童以知识。我们生活的这个时代是科学技术高度发达的时代。新一代必须掌握知识，否则不能成为生活的主人。……知识就是力量。青年们应该具有丰富的知识。

克鲁普斯卡娅

我们生活在这样一个时代:不掌握科学知识,就不可能进行劳动,不可能具备人类关系的基本素养,不可能履行公民的职责。

苏霍姆林斯基:《教育的艺术》

全体学生都应当记得,只有善于有系统地工作并且通晓本行业务的人,才能在社会生活和国家生活中以及在任何有益的活动场所内,起着一定的作用。

加里宁:《论共产主义教育和教学》

真正的幸福是对知识的爱,有了知识,人就有了一切;没有知识,便会成为遭到情欲玩弄的脆弱的芦苇,成为空虚无聊的牺牲品,成为自身中没有支柱的蔓行植物。

爱尔维修:《伦理学》

人的智慧是有限的;一个人不仅不能知道所有一切的事物,甚至连别人已知的那一点点事物他也不可能完全都知道。既然每一个错误的命题的反对面都是一个真理,所以真理的数目也同谬误的数目一样,是没有穷尽的。因此,我们对施教的内容和适当的学习时间不能不进行选择。……问题不在于他学到的是什么样的知识,而在于他所学的知识要有用处。

卢梭:《爱弥儿》

尽量少要学生去记忆,这就是说,只记最重要的事项;对于其余的,他们只须领会大意就够了。

夸美纽斯:《大教学论》

知识的广度并不单纯地意味着知识的范围很宽,最主要的是知识之间的本质上的联系。如果在教学过程中循序地、恰当地揭示出这种联系,那么概念就会形成一个严整的体系,而在这个体系之内进行着个别概念的划分。学生在有机的联系中获得越来越多的新知识,其效果要比进行多次的单调的复习好得多。

赞科夫:《和教师的谈话》

有教养的人的遗产,比那些无知的人的财富更有价值。

德谟克利特

荣誉和财富,若没有聪明才智,是很不牢靠的财产。

德谟克利特

天生的能力必须借助于系统的知识。直觉能做的事很多,但是做不了一切。只有天才和科学结了婚才能取得最好的结果。

斯宾塞:《教育论》

(二)教学应因材施教

教学要能培植各人的天赋特长,要沿着学生的自然倾向最有效地发挥他的能力。

昆体良:《雄辩术原理》

学生应该在适合的时间,在他们到达恰当的心理发展阶段时,学习不同的学科,采用不同的学习方式。……这是一个从来没有被怀疑的、人所共知的自明之理。

怀特海:《教育的目的》

培养智力和技能需要有适合人类本性的、符合心理学规律的一套循序渐进的方法。同理,培养这些行动的技巧也取决于一个基础牢固的教学艺术初步的机制,也就是说,要遵循教学艺术的普遍规律。根据这些规律,儿童可以通过一系列从最简单到最复杂的训练而得到教育。这种训练的结果必然会使儿童在他们需要教育的所有方面,获得日益得心应手的技能。

裴斯泰洛齐:《葛笃德如何教育她的子女》

在发展的每个阶段,儿童都有他自己的观察世界和解释世界的独特方式。给任何特定年龄的儿童教某门学科,其任务就是按这个年龄儿童观察事物的方式去阐述那门学科的结构。

布鲁纳:《教育过程》

每个孩子都是一个世界——完全特殊的、独一无二的世界。

苏霍姆林斯基:《教育的艺术》

每一个人的心灵有它自己的形式,必须按它的形式去指导他;必须通过它这种形式而不能通过其他的形式去教育,才能使你对他花费的苦心取得成效。

卢梭:《爱弥儿》

知识若是不合于这个或那个学生的心理,它就是不合适的。因为人们的心理的分别和各种植物、树木或动物的分别是一样巨大的;这个须得这样去对付,那个又须得那样去对付,用一个方法是不能够同样地施用于一切人们的。

夸美纽斯:《大教学论》

要求所有的学生在同一门科目表现同样的成绩,并必须学习同样的分量,这是完全不合理的。不能要求一个记忆力差的儿童去做一个记忆力强的儿童所做的事。谁在理论方面的禀赋比在实际方面的禀赋多些,谁就能在理论工作上较在实际事情上成就大些,也不应该在实际的事情上责难他。一句话,不能以同样的尺度要求一切并要求于所有的人。

第斯多惠:《德国教师教育指南》

教学必须符合人的天性及其发展的规律。这是任何教学的首要的、最高的规律。

第斯多惠:《德国教师教育指南》

学生的发展水平是教学的出发点。所以必须在开始教学以前就确定这个出发点。

第斯多惠:《德国教师教育指南》

教学必须符合受教学生的发展水平,正是要符合当前的水平,而不是可能的未来的水平。

第斯多惠:《德国教师教育指南》

因而知教育者,与其守成法,毋宁尚自然;与其求划一,毋宁展个性。

蔡元培:《新教育与旧教育之歧点》

对任何年龄的人所讲的道理都要以一定的形式表述,才能得到他们的喜欢。

卢梭:《爱弥儿》

在发展的每个阶段,儿童都有他自己的观察世界和解释世界的独特方式。给任何特定年龄的儿童教某门学科,其任务就是按照这个年龄儿童观察事物的方式去阐述那门学科的结构。

布鲁纳:《教育过程》

假如一切事情的安排都适合学生的能力,这种能力自然是会和学习与年龄同时增长的。

夸美纽斯:《大教学论》

学校教育注重学生健全的人格,故处处要使学生自动。……最好使学生自学,教者不宜硬以自己的意思,压到学生身上。不过看各人的个性,去帮助他们作业罢了。

蔡元培:《普通教育和职业教育》

个别对待指的是要研究和估计到每一个学生的特点,以达到成功地教学的目的。……不仅要考虑到学生的注意、思维的特点及其他心理特点,而且教师要下功夫发展这个或那个学生的特点。

赞科夫:《和教师的谈话》

(三)学习要做到知行结合

博学之,审问之,慎思之,明辨之,笃行之。……果能此道矣,虽愚必明,虽柔必强。

《礼记·中庸》

余尝谓读书有三到,谓心到、眼到、口到。心不在此,则眼看不仔细。心眼既不专一,却只漫浪诵读,决不能记。记,亦不能久也。三到之中,心到最急。心既到矣,眼口岂有不到者乎?

朱熹:《童蒙须知》

就像热爱和崇拜那些有学问的人一样,我热爱和崇拜知识。事实上,知识的获得是人类最崇高最有力的获得。但是,有些人(这个数字是很大的)只具备这点能力,他们只会依赖他们的理解力和记忆力,躲在别人的保护伞下,除了书本知识之外,什么也不知道。我不喜欢这样,如果我可以发表意见,我要讲这几乎和愚蠢相差无几。

蒙田:《讨论的技术》

要以行动而不以言辞去教育青年,他们在书本中是学不到他们从经验中学到的那些东西的。

卢梭:《爱弥儿》

凡论事者,违实不引效验,则虽甘义繁说,众不见信。

王充:《论衡·知实》

事莫明于有效,论莫定于有证。

王充:《论衡·薄葬》

知和行是那么密切地联系着,假如一个停止了,另一个也随之而停止。

裴斯泰洛齐:《葛笃德怎样教育她的子女》

看得确切,听得确切,这是走向生活的智慧的第一步。

裴斯泰洛齐:《林哈德和葛笃德》

为学不限于读书……学问的要诀,在于活用,不能活用的学问,便等于无学。

福泽谕吉:《劝学篇》

观察是智慧的最重的能源。儿童需要理解和识记的东西越多,他在周围自然界和劳动中看到的各种关系和相互联系就应当越多。

苏霍姆林斯基:《给教师的建议》

学生必须毫无例外地用自己的话口述一切所领会的东西。

第斯多惠:《德国教师教育指南》

学生了解得好的只是他所正确地表达出来的东西。

第斯多惠:《德国教师教育指南》

办职业教育,万不可专靠想,专靠说,专靠写,必须切切实实去"做"。原来一切教育,都没有允许我们凭空想,说空话,写空文章的;不过职业教育,尤其重要。因为职业教育的目标,很简单,很分明,是给人家一种实际上服务的知能,得了以后,要去实地应用的。

黄炎培:《怎样办职业教育》

真实学问不在书本上,而在事事物物上,故称求学为读书,实为错误。书本上的,是间接的知识;眼前事事物物,才是直接的知识。而且知识只是人生处世需要的一部分,还有一部分技能,决非读书所能得到。单靠读书,欲求得实用的知识和技能,有人说,只等于陆地上学泅水,是万万学不成的。故欲得真实学问,必须在书本以外,就各人环境的接触,或生活的需求,用种种方法,研究最适当的处理方法,这就是真实学问。

黄炎培:《告宁属青年同学与爱护青年同学者书》

求知识是需要读书,但如果只有书本知识,那只是书柜子罢了,算不得有头脑的人。书上的知识,必须经过自己劳动实践去体验,那才能够接受和消化,才能够成为我自己有血有肉的知识。

徐特立:《解答关于教育方针的几个问题》

最好的一种教学,牢牢记住学校教材和实际经验二者相互联系的必要性,使学生养成一种态度,习惯于寻找这两方面的接触点和相互的关系。

杜威:《民主主义与教育》

儿童在学习中遇到困难的原因之一,就是知识往往变成了不能移动的重物,知识被积累起来似乎是"为了储备",它们"不能进入周转",在日常生活中得不到运用,而首先是不能用来去获取新的知识。

苏霍姆林斯基:《给教师的建议》

所教的科目若不常有适当的反复与练习,教育便不能够达到彻底的境地。

夸美纽斯:《大教学论》

人类必须尽可能研究天、地、橡树和山毛榉之类的东西,去学会变聪明,而不依靠书本学习;就是说,他们必须学会了解并考察事物本身,不是别人对事物所已做的观察。

夸美纽斯:《大教学论》

为学之实,固在践履。苟徒知而不行,诚与不学无异。然欲行而未明于理,则其践履者又未知其果为何事也。

朱熹:《答曹元可书》

一个有经验的教师,并不让学生花专门的功夫去记诵规则和结论;对事实的思考,同时也就是对概括的逐步的识记。思考和熟记的统一表现得越鲜明,学生的知识就越自觉,他把知识运用于实践的能力就越强。

苏霍姆林斯基:《给教师的建议》

我们要有自己的经验做根,以这经验所发生的知识做枝,然后别人的知识方才可以接上去,别人的知识方才成为我们知识的一个有机体部分。

陶行知:《伪知识阶级》

无论是课堂教学还是学习都要开动脑筋。学生必须把学到的知识用口头表达出来,所有的学生都必须做到这一点,无一例外,必须用自己的话表达出来。

第斯多惠:《德国教师培养指南》

在劳力上劳心，是一切发明之母。事事在劳力上劳心，便可得事物之真理。

陶行知：《在劳力上劳心》

光劳心不劳力，把心吊在半空中，光用脑不用手，瞧不起用手的人，在我们的社会里是行不通的；光劳力不劳心，也会变成狭窄的经验主义者，所以劳心必须和劳力并进，手和脑应并用。

徐特立：《劳力与劳心并进，手和脑并用》

课外阅读，用形象的话来说，既是思考的大船借以航行的帆，也是鼓帆前进的风。没有阅读，就既没有帆，也没有风。阅读就是独立地在知识的海洋里航行。

苏霍姆林斯基：《给教师的建议》

事怎样做就怎样学，怎样学就怎样教；教的法子要根据学的法子，学的法子要根据做的法子。

陶行知：《教学做合一》

正确的知识必须和技能，即运用知识的技巧结合起来。

第斯多惠：《德国教师教育指南》

要使动手的读书，读书的动手，把读书和做工两下联系起来……仅有精确之知识而无纯熟之技能,则仍不足以致用。

黄炎培

尽管追求知识是智育的一个主要目标,但智育的价值中还有一个更模糊然而更伟大、更居支配地位的成分,古人把它称为"智慧"(wisdom)。没有某些知识作为基础,你不可能聪明;但你也许能轻而易举地获得知识,却仍然缺乏智慧。

怀特海:《教学的目的》

光传授知识而不训练智力是可能的;这不但可能,而且是件既容易又经常做的事情。但是,我不相信能光传授知识而不训练智力。没有智力,我们复杂的现代世界就不会存在,更不会进步。因此,我把智力培养视为教育的主要目的之一。

罗素:《教育论》

一开始就应该给年幼的学习者有解决问题的机会,让他们去推测,去争辩,因为这些事情都是这个学科要做的核心的事情。

布鲁纳:《布鲁纳教育论著选》

教育过程的核心在于为受教育者提供帮助和对话的机会,以便他把具体经验译为更加有力的标志系统和更有次序的体系。

布鲁纳:《教育论探讨》

教师的工作应主要是想方设法唤起各种各样的力量,用推动思考力的方法,用赋予思考力以活跃、敏捷、持续和多样性想象的方法,来充实外部世界的创造性作用。

赫尔巴特:《赫尔巴特文集》

(四)读书要养成良好习惯

读书是开拓知识的门径,而且是一种非常高雅的爱好。如果到谁家做客,屋里没有书,就好像走进了沙漠。读书能净化道德生活。

小原国芳

人不博览者,不闻古今,不见事类,不知然否,犹目盲、耳聋、鼻痈者也。……故入道弥深,所见弥大。……夫人含百家之言,犹海怀百川之流也,不谓之大者,是谓海小于百川也。夫海大于百川也。人皆知之,通者明天不通,莫之能别也。

王充:《论衡·别通》

我很早就学会了读书。书籍成了我的快乐的源泉,我一本接一本地贪婪地读着。书把整个世界展现在我的面前。

克鲁普斯卡娅:《我的生活道路》

读书始读,未知有疑,其次则渐渐有疑,中则节节是疑。过了这一番,疑渐渐释,以至融会贯通,都无可疑,方始是学。

朱熹:《宋元学案·晦翁学案》

为学患无疑,疑则有进。……小疑则小进,大疑则大进。

陆九渊:《陆九渊集》

读书无疑者,须教有疑;有疑者,却要无疑,到这里方是长进。

朱熹:《朱子语类》

不要为了辩驳而读书,也不要为了信仰与盲从,也不要为了言谈与议论;要以能权衡轻重、审察事理为目的。有些书可供一尝,有些书可以吞下,有不多的几部书则应当咀嚼消化;这就是说,有些书只要读读它们的一部分就够了;有些书可以全读,但是不必过于细心地读;还有不多的几部书则应当全读、勤读,而且用心地读。

培根

为学之道,莫先于穷理;穷理之要,必在于读书;读书之法,莫贵于循序而致精;而致精之本,则又在于居敬而持志。

朱熹:《性理精义》

真正有学问的人就像麦穗一样:只要它们是空的,它们就茁壮挺立,昂首睥视;但当它们臻于成熟,饱含鼓胀的麦粒时,它们便谦逊地垂着头,不露锋芒。

蒙田:《人生随笔》

在我看来,教给学生能借助已有的知识去获取知识,这是最高的教学技巧之所在。

苏霍姆林斯基:《给教师的建议》

比较聪明的教师,注意系统地引导学生利用过去的功课来帮助理解目前的功课,并利用目前的功课加深理解已经获得的知识。

杜威:《民主主义与教育》

在学习下一阶段新教材时,要重新复习前一阶段的教材!

第斯多惠:《德国教师教育指南》

必须时常回复到所学会的东西上去而加以复习……牢固地记住某些已学会的或记熟过的东西,比再学某些新的东西而忘掉以前所学的东西还要重要些。

第斯多惠:《德国教师教育指南》

要经常回到首要的基本概念上去,并且从基本概念推论出原理来!

第斯多惠:《德国教师教育指南》

比较聪明的教师,注意系统地引导学生利用过去的功课来帮助理解目前的功课,并利用目前的功课加深理解已经获得的知识。

杜威:《民主主义与教育》

一切功课的排列都要使后学的功课能够依靠先学的功课,要使一切先学的功课能靠后学的功课固定在心里。

一切先学的功课都应该成为一切后学的功课的基础,这种基础是绝对必须彻底地打定的。因为只有彻底地懂得并且记忆了的东西才能够看作心理的财产。

夸美纽斯:《大教学论》

最不好的是把每堂课看作一个独立的整体。这种课堂教学不要求学生负起责任,去寻找这堂课和同一科目的别的课之间或和别的科目之间有什么接触点。

杜威:《民主主义与教育》

教学论应当详细规定所由来的学习材料的最有效的序列。

布鲁纳:《论教学的若干原则》

一切功课都应该仔细分成阶段,务使先学的能为后学的扫清道路,给予解释。

夸美纽斯:《大教学论》

急于达到目的,结果反而不如慎重前进的快。

卢梭:《爱弥儿》

学者读书,先于易晓处沉涵熟复,切己致思,则他难晓者涣然冰释矣。若先看难晓处,终不能达。

陆九渊:《语录》

敏而好学,不耻下问,是以谓之"文"也。

孔丘:《论语·公冶长》

给人类带来进步的伟大发现,与其说是由于科学家们的教养,或者他们的知识,毋宁说是由于完全的聚精会神的能力,由于他们的智慧能够埋头于他们感到兴趣的工作。

蒙台梭利:《儿童教育》

子绝四:毋意,毋必,毋固,毋我。

孔丘:《论语·子罕》

凡看书须虚心看,不要先立说,看一段有下落了,然后又看一段。须如人受词讼,听其说尽,然后方可决断。

朱熹:《朱子语类》

心虚则随处能得益。

张履祥:《备忘二》

心不定,故见理不得。今且要读书,须先定其心,使之如止水,如明镜,暗镜如何照物。

朱熹:《朱子语类》

我们有许多学生是在那里背书,而不是在阅读,教材里的思想并未进入他们的内心深处!死记硬背不仅危及智力发展,而且对道德发展也是极其有害的。死记硬背会抹煞教材的思想内容。真正的教育者为了防止死记硬背的危险,他会竭力使学生在第一次感知教材时,就深入认识各种事实、现象及其相互联系中所包含的思想内容。一个教师要成为教育者,就应当向学生打开通向知识世界的窗口,同时又能触及他的个性,打动他的思想、情感和良知。

苏霍姆林斯基:《和青年校长的谈话》

死读书对受教育者的道德面貌非常有害。学生在多年的学习过程中,日复一日地完成着这一项艰难而又毫无意义的任务,逐渐形成了对脑力劳动的不正确的观念,于是开始厌恶学习。最后他会停止这种劳动。

苏霍姆林斯基:《教育的艺术》

第四编　培养品德高尚的人

（一）学生应德智全面发展

智慧和道德,恰像人的两部分,各有各的作用,所以不能说哪个重要,哪个不重要。如果不是两者兼备,就不能算作完人。

福泽谕吉:《文明论概略》

有智慧而缺乏道德之心的人,等于禽兽,非人也;只修养道德而没有智慧的人,等于石菩萨,也不能称其为人。

福泽谕吉:《福泽谕吉教育论集》

我认为,与美德在一起的学问要比国王的全部宝藏还要珍贵。

奥西诺夫斯基:《托马斯·莫尔传》

没有个人的高尚品德,就不可能有广泛的全民的优良素质。

苏霍姆林斯基:《帕夫雷什中学》

如果道德败坏了,趣味也必然会堕落。

狄德罗:《论戏剧艺术》

德行愈高的人,其他一切成就的获得也愈容易。因为凡是能够尊重德行的人,对于一切合于自己的事是不会采取一种执拗或倔强的态度的。

洛克:《教育漫话》

道德的营养不良和精神的中毒对人的心灵的危害,正如身体的营养不良对于身体健康的危害一样。

蒙台梭利:《儿童教育》

正义和一切其他德行都是智慧,因为正义的事和一切道德的行为都是美而好的。凡认识这些事的人决不会愿意选择别的事情;凡不认识这些事的人也决不可能把它们付诸实践……所以,智慧的人总是做美而好的事情,愚昧的人则不可能做美好的事,即使他们试着去做,也是要失败的。

色诺芬:《回忆苏格拉底》

社会上各行业、各阶层以及各个地方的风俗习惯都各有长短,人生在世上,是社会中的一分子,风俗道德和他是息息相关的。一生的生活,是否幸福、平安、吉祥,则要看他的处世为人,是否道德无亏,能否作社会的表率。因此修身的教育,也成为他的学校工作的主要部分。

裴斯泰洛齐:《林哈德和葛笃德》

有许多种的教育与发展,而且其中每一种都具有自己的重要性,不过道德教育在它们当中应该首屈一指。

别林斯基

和谐全面发展的核心是高尚的道德。

苏霍姆林斯基:《帕夫雷什中学》

道德教学的重大任务就是启发儿童的道德知性,锻炼坚强的意志,陶冶纯美的情操。这些多半也要求诸于其他教学科目以及整个教育或校外活动。

小原国芳

因为道德的过程就是经验不断从坏经验转变为好经验的过程,所以,教育的过程和道德的过程是完全一致的。

杜威:《哲学的改造》

人的优良品质必须经常加以培养,这是教育家的任务。

马卡连柯:《儿童教育讲座》

教学如果没有进行道德教育,只是一种没有目的的手段;道德教育(或者品格教育)如果没教学,就是一种失去了手段的目的。

赫尔巴特

让学生体验到知识、智力生活是他的一种道德尊严。教师要这样来教育学生:造成一种风气,使他们感到不学无术、对书籍冷眼相看是不道德的。

苏霍姆林斯基:《给教师的建议》

道德习惯的实质就在于,人的行为已经由良心的呼唤所支配,而这种呼唤的主调则是情感。我永生都铭记着法国著名文化活动家爱德华·赫里欧里奥的名言:其他一切都被遗忘时,所保留下来的那就是修养。确实,道德修养并不是要保留在记忆中的一堆堆知识,而是由深刻感受和领悟了的知识凝结在心灵里的东西。

苏霍姆林斯基:《帕夫雷什中学》

教育的唯一工作与全部工作可以总结在这一概念之中——道德。

赫尔巴特:《论世界的美的启示为教育的主要工作》

道德普遍地被认为是人类的最高目的,因此也是教育的最高目的。

赫尔巴特:《论世界的美的启示为教育的主要工作》

教育人就是要形成人的性格。

欧文:《人类思想和实践中的革命》

有许多种的教育与发展,而且其中每一种都具有自己的重要性,不过道德教育在它们当中应该首屈一指。

别林斯基

道德的营养不良和精神的中毒对人的心灵的危害,正如身体的营养不良对于身体健康的危害一样。

蒙台梭利:《儿童教育》

培养全面发展的、和谐的个性的过程就在于:教育者在关心人的每一个方面、特征的完善的同时,任何时候也不要忽略人的所有各个方面和特征的和谐,都是由某种主导的、首要的东西所决定的。……在这个和谐里起决定作用的、主导的成分是道德。

苏霍姆林斯基:《给教师的建议》

(二)拥有健康活泼的人格

教师也应该注意培养自己学生对祖国的无限热爱,对劳动人民、对共产主义伟大理想的忠诚。这些品质要从孩子开始看、开始认识、开始评价周围世界的时候就着手培养。

苏霍姆林斯基:《把整个心灵献给孩子》

只有在适当的时期和机会,对于适当的人和对象,持适当的态度去处理,才是中道。亦即最好的中道。这是德性的特点。……勇敢过度为鲁莽,不及为怯懦;节制过度为麻木,不及为放荡;乐施过度为挥霍,不及为吝啬;慷慨过度叫无风度或粗俗,不及为卑鄙;自豪过度叫虚荣,不及叫卑贱。

亚里士多德:《尼各马科伦理学》

恻隐之心,仁之端也;羞恶之心,义之端也;辞让之心,礼之端也;是非之心,智之端也,人之有是四端也,犹其有四体也。有是四端而自谓不能者,自贼者也……

孟轲:《孟子·公孙丑上》

只要把自爱之心扩大到爱别人,我们就可以把自爱变为美德,这种美德,在任何一个人的心中都是可以找到它的根柢的。我们所关心的对象同我们愈是没有直接的关系,则我们愈不害怕受个人利益的迷惑;我们愈是使这种利益普及于别人,它就愈是公正;所以,爱人类,在我们看来就是爱正义。

卢梭:《爱弥儿》

祖国的田野,她的语言,她的传说和生命力永远也不会失去对人的心灵的不可思议的权力。憎恨祖国的例子是有的;但是就在这个憎恨中有时多少还存在着爱!

乌申斯基:《论公共教育的民族性》

爱国主义也和其他道德情感与信念一样,使人趋于高尚,使他愈来愈能了解并爱好真正美丽的东西,从对于美丽东西的知觉中体验到快乐,并且用尽一切方法使美丽的东西体现在行动中。

凯洛夫:《教育学》

一个不为别人服务的人,无权要求别人为他服务。

欧文:《新道德世界书》

如果你的好朋友在学习和劳动中落后了,你要教他如何克服困难赶上去。如果你不关心他的落后,这说明你是一个冷漠无情的人。在精神上给你朋友的温暖、善意、关怀、提醒、挂念、爱抚越多,给你生活带来的快乐也会越多。

苏霍姆林斯基:《帕夫雷什中学》

教师必须帮助儿童考虑真正的道德冲突,考虑他们用以解决这些冲突的推理,认清儿童思维方式中的前后矛盾和不当之处,并设法找出解决矛盾的方法……

柯尔伯格:《道德教育的哲学》

在道德教育方面,只有一条既适合于孩子,而且对各种年龄的人来说都最为重要,那就是:绝不损害别人。

卢梭:《爱弥儿》

导师的重大的工作在于养成学生的风度,形成学生的心理,在使学生养成良好的习惯,怀抱德行与智慧的原则;在逐渐将人世的真情实况显示给学生,在使学生喜爱并且模仿优良的与值得被人称誉的行为;在当学生正做这种行为的时候,给他力量和鼓励。

洛克:《教育漫话》

(三)优秀品质面面观

每一个人的本分岂不就是把自制看作是一切德行的基础,首先在自己心里树立起一种自制的美德来吗？有哪个不能自制的人能学会任何的好事，或者把它充分地付诸实践呢？

色诺芬:《回忆苏格拉底》

真正的朋友不把友谊挂在口上，他们并不为了友谊而互相要求一点什么，而是彼此为对方做一切办得到的事。

别林斯基:《别林斯基论教育》

一个人的道德面貌如何，归根结底要看他在童年时期是从哪些来源取得快乐的。如果他的快乐纯粹是无所用心，坐享其成，如果孩子不知什么是忧伤、委屈和痛苦，他就成为利己主义者，对别人的事不闻不问。非常重要的是，让我们培养的人懂得最大的快乐——出于对人的关怀而感受到的激动人心的快乐。

苏霍姆林斯基:《把整个心灵献给孩子》

使孩子们养成谨慎周密的个性，这才能使他们坦白率直，使他们小心，不至于错信。养成他们勤勉的习性，自然就不怠惰，让他们忠实，才能遇事可靠。使他们贤明理智，就能自信信人。

裴斯泰洛齐:《林哈德和葛笃德》

没有自我尊重，就没有道德的纯洁性和丰富的个性精神。对自身的尊重、荣誉感、自豪感、自尊心——这是一块磨炼细腻的感情的砺石……为了在正在成长的人身上培养自我尊重感，教育者自己应该深深地尊重自己的教育对象的个性。

苏霍姆林斯基:《教育的艺术》

对于一个人、一种行为、一个现象、一件事情,你是怎样想的就要怎样讲,任何时候不可试图猜想别人想要让你说些什么。这种企图会使你成为一个伪君子、阿谀奉承者,以至最终成为一个卑鄙的人。

……

对丑事、非正义和凌辱现象抱冷漠和无所谓的态度,会使你变成一个无所关心、冷酷无情的人。

苏霍姆林斯基:《帕夫雷什中学》

要有所成就,要成为独立自恃、始终如一的人,就必须言行一致,就必须坚持他应该采取的主张,毅然决然地坚持这个主张,并且一贯地实行这个主张。

卢梭:《爱弥儿》

要教孩子们诚实。我认为,教师应当用一切教育方法,彻底做到这点。要他们不撒谎、不骗人,一举一动都要诚实。

加里宁:《论共产主义教育》

知识要靠自己的努力去获取,利用同学的劳动成果是不光彩的。不去独立完成学习作业——是走向寄生生活的第一步。

苏霍姆林斯基:《帕夫雷什中学》

只有自己实现自己意志的人，才不需要借用他人之手来实现自己的意志……

卢梭:《爱弥儿》

一个没有意志的人，很容易成为任何一个坏蛋手里的傀儡。

克鲁普斯卡娅:《论少年先锋队》

不要对一切人都以不信任的眼光看待，但要谨慎而坚定。

德谟克利特

为了成为一个真正的人，学生应该首先尊重自身，没有这种尊重，没有对自身的美的热爱，人的文明就不可思议，与一切损伤人的自尊心的东西绝不相容就难以想象。是的，不应当害怕"对自身的爱"这几个字——它们不是孤芳自赏，而是自豪感，是对于自身的良好开端的纯洁信念。

苏霍姆林斯基:《教育的艺术》

礼貌是儿童与青年所应该特别小心地养成习惯的第一件大事。

洛克:《教育漫话》

一代新人最重要和最可贵的道德品质的源泉，便是他对于未来的追求。

苏霍姆林斯基:《教育的艺术》

我们尽力使每一个学生在青少年时期真正地看到田野、树林和河流，到过那些无名的、偏僻的角落，因为正是这些东西的独特的美构成了我们祖国的美。

苏霍姆林斯基:《和青年校长的谈话》

真正的美，是美在它本身能显出奕奕的神采。爱好时髦是一种不良的风尚，因为她的容貌是不因她爱好时髦而改变的。

卢梭:《爱弥儿》

应该学会把心灵的美看得比形体的美更可珍贵，如果遇见一个美的心灵，纵然他在形体上不甚美观，也应该对他起爱慕。

柏拉图:《文艺对话集》

美——乃是善良和热忱之母。

苏霍姆林斯基:《帕夫雷什中学》

我们时刻都在关心，要让心灵美的榜样——人的高尚行为、为社会福利而劳动的榜样——对于中、高年级学生成为珍贵的、神圣的东西。尤其重要的是，要让心灵美的人物能激发年轻人的思想，促使他们能考虑自己的前程。

苏霍姆林斯基:《帕夫雷什中学》

(四)人需要培养审美情感

美育者,应用美学之理论于教育,以陶养感情为目的者也。

蔡元培:《美育》

儿童在入学的时候已经具备了某些审美情感。非常重要的是,从儿童入学一开始,就要从他们已有的审美经验出发并且依靠这些审美经验来进行工作,不要丧失任何一个学周,抓紧培养他的审美情感。

赞科夫:《和教师的谈话》

对周围世界的美感,能陶冶学生的情操,使他们变得高尚文雅,富有同情心,憎恶丑行。

苏霍姆林斯基:《和青年校长的谈话》

应提倡美育,使人生美化,使人的心灵寄托于美,而将忧患忘却。于学校中可实现者,如音乐、图画、旅行、游戏、演剧等,均可去做,以之代替不好的消遣。

蔡元培:《对于学生的希望》

孩子的世界就是艺术的世界。……所谓艺术,并不是完全脱离我们生活的世界。实际上生活本身就是艺术。在这个意义上讲,孩子的生活比大人的生活更能与艺术一致。

小原国芳

美能磨炼人性。一个人如果从童年时期就受到美的教育,特别是读过一些好书,如果他善于感受并高度赞赏一切美好事物,那么,很难设想,他会变成一个冷酷无情、卑鄙庸俗、贪淫好色之徒。美,首先是艺术珍品,能培养细致入微的性格。性格越细致,人对世界的认识越敏锐,从而对世界的贡献也越多……

苏霍姆林斯基:《给儿子的信》

感知和领会美,这是审美教育的基础和关键,是审美素养的核心。

苏霍姆林斯基:《帕夫雷什中学》

最好的教导方法,不论是历史、数学或哲学课,都在于让学生意识到其中的美。

马斯洛:《人性能达到的境界》

情感领域包含着那些决定一个人的人生性质并最终决定所有人的人生性质的力量。不打开这个"盒子",就是否定这些塑造我们每个人人生的强大动机力量的存在。

布卢姆

艺术不仅作用于学生的理智,而且影响到他的情感,因此,艺术有助于培养信念。……越是依靠情感为基础,信念就越是坚定。所以艺术在道德教育中才起着这么巨大的作用。

赞科夫:《和教师的谈话》

美育者,与智育相辅而行,以图德育之完成者也。

蔡元培:《美育》

教师本身先要具备这种品质——能够领会和体验生活中和艺术中的美,才能在学生身上培养出这种品质。如果照着教学法指示办事,做得冷冰冰、干巴巴的,缺乏激昂的热情,那是未必会有什么效果的。

赞科夫:《和教师的谈话》

艺术对人生不但决无害处,而且缺乏艺术和趣味的枯燥人生,特别是道学生活,纯粹是虚伪的人生。……道德生活不是排斥艺术的,而必须是包含着艺术。

小原国芳

艺术不仅作用于学生的理智,而且影响到他的情感,因此,艺术有助于培养信念。……越是依靠情感为基础,信念就越是坚定。所以艺术在道德教育中才起着这么巨大的作用。

赞科夫:《和教师的谈话》

美育是学生全面发展的一个不可缺少的部分,它的本质在于理解自然和社会的美,理解人与人的相互关系的美,在于以艺术眼光来认识周围现实,也在于培养艺术上的美的创造力。

凯洛夫:《教育学》

只要有热心和才能，就能养成一种审美的能力；有了审美的能力，一个人的心灵就能在不知不觉中接受各种美的观念，并且最后接受同美的观念相联系的道德观念。

卢梭：《爱弥儿》

　　我们发展学生在艺术创作方面的才能，其目的并不是要把音乐或绘画作为他们未来的职业（那是专门学校的任务）。我们的职责是：全面地发展每一个学生的个性，发现他的禀赋，形成对艺术创作的才能，以便使他享有一种多方面的完满的精神生活。

苏霍姆林斯基：《给教师的建议》

　　美是人的道德财富的源泉。……学校的任务就是要在孩提时期、在神经系统幼年期使美成为德育的有力手段，成为真正人性的源泉；因为孩子的心灵在这时对于各种思想和形象——对于他目睹、感知和思考的一切——的情感色彩十分敏感。

苏霍姆林斯基：《帕夫雷什中学》

　　有了审美能力，一个人的心灵就能在不知不觉中接受各种美的观念，并且最后接受同美的观念相联系的道德观念。

卢梭：《爱弥儿》

　　尽力使每一个学生在青少年时期真正地看到田野、树林和河流，到过那些无名的、偏僻的角落，因为正是这些东西的独特的美构成了我们祖国的美。

苏霍姆林斯基:《和青年校长的谈话》

儿童阶段文艺教育最紧要。一个儿童从小受了好的教育,节奏与和谐浸入了他的心灵深处,在那里牢牢地生了根,他就会变得温文有礼;如果受了坏的教育,结果就会相反。

柏拉图:《理想国》

音乐、旋律、音乐之美是人的德育和智育的重要手段,是心灵高尚和精神纯洁的源泉。音乐能使人看到大自然之美、道德关系之美、劳动之美。人借助音乐不仅可以对周围世界而且也可以对自身的崇高、壮丽和美好获得认识。音乐是自我教育的有力手段。

苏霍姆林斯基:《把整个心灵献给孩子》

我深信,音乐的美是思维的丰富源泉。在音乐旋律的影响下产生在儿童想象中的鲜明形象能活跃思维,如同把思维中无数的溪流汇集成一条河道。孩子们极力要把他们想象出来的和感受到的都用语言描述出来。对于智力发展迟缓的孩子来说,听音乐确实是思维的丰富源泉。

苏霍姆林斯基:《把整个心灵献给孩子》

美育最重要的任务是教会孩子能从周围世界(大自然、艺术、人们关系)的美中看到精神的高尚、善良、真挚,并以此为基础确立自身的美。

苏霍姆林斯基:《帕夫雷什中学》

审美素养的培育和情操的培养,都是从感受和认识美开始的。

苏霍姆林斯基:《帕夫雷什中学》

美的情感,或者像人们所说的审美情感,是人所特有的本性。这是人区别于动物的根本差别之一。

……

人具有一种欣赏美和创造美的深刻而强烈的需要。但是这并不是说,我们可以指望审美情感会自发地形成。必须进行目标明确的工作来培养学生的情感,在这里,教师面前展开了一个广阔的活动天地。

赞科夫:《和教师的谈话》

音乐美的源泉在于周围世界的美;音乐旋律好像在召唤人:停下来,听听大自然的音乐,欣赏欣赏世界上的美,要爱护这种美,并去增添这种美。多年的经验证实,人只有在孩提岁月才既能学会语言,又能掌握初步的音乐素养,即掌握感知、理解、感受、体验旋律美的能力。凡在童年错过的,很难乃至几乎不可能在成年岁月中去弥补。

苏霍姆林斯基:《把整个心灵献给孩子》

图画不单是文字的说明,且可拓展儿童的想象,涵养儿童的美感。

叶圣陶

用旋律或曲调来培养一种和谐和精神。

《柏拉图论教育》

音乐可以陶铸性格……可用以增高兴致和洗炼理智的享受。

亚里士多德:《政治论》

……到艺术语言的发源地去,即到大自然,到美的世界中去。

苏霍姆林斯基:《和青年校长的谈话》

对于自然美的真实的爱护心,尤为美的教育上的要务。自然是美的源泉、艺术的源泉,亦可说是人生的源泉。

丰子恺:《美的教育》

审美发展和道德发展是密切联系的。对于美的欣赏可以使人变得高尚起来。美能唤起人的善良的感情,如同情心、忠诚、爱、温柔等。感情会在人的行为中成为一种起积极作用的力量。

赞科夫:《和教师的谈话》

应该让美好的事物成为儿童的理想,吸引他,鼓舞他前进。

苏霍姆林斯基:《和青年校长的谈话》

第五编　抓好学校教育管理

（一）集体须有严明的纪律

纪律是集体的面貌、集体的声音、集体的美妙、集体的活动、集体的姿态和集体的信念。集体中的一切,归总起来,都摆脱不了纪律的形式。

马卡连柯:《关于我的经验》

我是把纪律当作教育的结果来了解的,因为,培养纪律的基本方法是整个的教育过程。纪律首先并不是教育的手段,而是教育的结果,以后才能成为一种手段。

马卡连柯:《我的教育观点》

纪律、自然发展、文化修养、社会效率,这些都是道德的特征——都是教育工作所要促进的一个社会优秀成员的标志。

杜威:《民主主义与教育》

集体生活是儿童之自我向社会化道路发展的重要推动力;为儿童心理正常发展所必需。一个不能获得这种正常发展的儿童,可能终其身只是一个悲剧。

陶行知:《育才学校教育纲要草案》

有很高的威信和值得敬爱的学校集体的舆论的监督,能够锻炼学生的性格,培养学生的意志,能就学生个人的行为培养起有利于整体的习惯,能培养学生因为学校、因为自己是这个光荣集体的成员而自豪的精神。

马卡连柯:《论共产主义教育》

当教师是在形成儿童集体的基础上来实施个别对待的时候,这种个别对待才能真正获得巨大的力量。

赞科夫:《和教师的谈话》

只有建立了统一的学校集体,才能在儿童的意识中唤起舆论的强大力量,这种舆论的力量,是支配儿童行为并使它纪律化的一种教育因素。

马卡连柯:《论共产主义教育》

我们认为个人对个人的影响是一种狭隘的和有限的因素。我们认为整个集体就是我们教育的对象,我们应当把有组织的教育影响针对着集体。同时我们相信,对个人的最实际的工作方式,是把个人保留在集体内……集体是个人的教师。

马卡连柯:《马卡连柯教育文集》

"学校没有纪律犹如磨坊没有水。"这是很对的。因为如果你从磨坊取去了水,磨盘就会停止;同样,如果你从学校取消了纪律,你就是剥夺了它的发动力。

夸美纽斯:《大教学论》

我把纪律理解为教育的结果,因此培养纪律的基本方法是整个教育过程。纪律首先并不是教育的手段,而是教育的结果,以后才能成为一种手段。

马卡连柯:《我的教育观点》

如果不紧紧而灵巧地抓住管理的缰绳,那么任何课都是无法进行的。……这种管理并非要在儿童心灵中达到任何目的,而仅仅是要创造一种秩序。

赫尔巴特:《普通教育学》

要维持持久的纪律,关键在于要有正确的方法。……教师的任务在于使孩子不要混淆好和不动,也不要混淆坏和活动,然而旧的纪律常常把它们混淆。所有这些要求都是因为我们的目的是要建立积极的纪律,工作的纪律,良好的纪律;而不是建立静止不动的纪律,被动的纪律,屈从的纪律。

蒙台梭利:《蒙台梭利方法》

一切纪律只是自觉的遵守,不是受到无理的外力压迫而遵守。因此,对于破坏纪律的学生,不是惩戒而是说服。说服的方法不是由教师片面地注入,而是双方的讨论和研究。不是压下学生的坚强意志,而是增加对问题进一步的了解,以正确的知识来克服无知的盲动。

徐特立:《非要惩罚不可吗》

（二）校长是学校工作的灵魂

校长是一个学校的灵魂,要想评论一个学校,先要评论它的校长。

陶行知:《半周年的燕子矶国民学校》

校长应该记住,他是全校的核心和支柱。因此,他应该使自己成为道德高尚、笃信宗教和热爱劳动的典范,并在各方面成为活的规则和条件……他应该以精神生活纯洁、对人厚道、履行职责、孜孜不倦和精力充沛来保持自己的威望;他还应该细心观察全体同仁、学校教师和私人教师是否服从他的领导。……校长应该像太阳把太空照得四面通明一样,每天都要照亮所有学生的心。

夸美纽斯:《创建纪律严明的学校的准则》

现代学校领导的实质在于,要在教育这项最困难的工作中使那种体现先进教育思想的好经验得以在教师心目中创立、成熟和扎根。而这种经验的创造者,他的劳动可作为其他老师的榜样的人,就应当是学校校长。

苏霍姆林斯基:《把整个心灵献给孩子》

如果你想成为一个好校长,那你首先就得努力成为一个好教师、一个好的教学专家和好的教育者,不仅对你所任课的那个班的孩子是这样,而且对社会、人民、家长所托付给你的那所学校的所有学生也都是这样。而如果你担任了校长职务,便认为凭着某种特殊的行政领导才能就可取得成功,那你还是打消当一名好校长的念头吧!

苏霍姆林斯基:《和青年校长的谈话》

(三)校长应懂得领导和教学

校长既然是学校这个教育机构的首脑,所以学校事业及办学精神全交由校长掌握。……他的工作不是光悠然坐在校长室的椅子上,而是要将教师、学生、家长、社会的力量聚合在一起,首先决定前进的方向。否则,所有的努力结果将化为乌有,或者学校分崩离析。

小原国芳:《小原国芳教育论著选》

一个学校的领导者,只有精益求精,每天提高自己的教学和教育技巧,只有把教学和教育以及研究和了解儿童这些学校工作中最本质的东西摆在第一位,他才能成为一个好的领导者,成为一个有威信的、博学多识的"教师的教师"。

苏霍姆林斯基:《和青年校长的谈话》

领导学校,首先是教育思想上的领导,其次才是行政上的领导。

苏霍姆林斯基:《和青年校长的谈话》

工作是服从于教育任务的。

苏霍姆林斯基:《帕夫雷什中学》

只有把教学和教育以及研究和了解儿童这些学校工作中最本质的东西摆在第一位,他才能成为一个好的领导者。

苏霍姆林斯基:《和青年校长的谈话》

如果校长不定期去听课,或因忙于开会和其他事务性的工作而无法走进教室,去接触教师和学生,那么他的其他一切工作都会失去意义,无论是开会还是干其他工作,都将毫无价值。

苏霍姆林斯基:《和青年校长的谈话》

只有当四种崇拜心理控制学校时,学校才能成为真正的文化中心,这四种心理是:对祖国的崇拜、对人的崇拜、对书的崇拜和对祖国语言的崇拜。

苏霍姆林斯基:《把整个心灵献给孩子》

校长是否必须懂得中小学教学计划里的所有科目呢?是的,一定要懂,不仅要懂得教学大纲的内容,而且要懂得比这多得多。……如果连这些都不懂,领导学校就纯属空话。

苏霍姆林斯基:《和青年校长的谈话》

校长要想统领好属下教师,就要有兼容并包的胸怀,要能洞察每个教师的个性,把握他的特点,调动发挥他们所有的才干技能。只要能做到这一点,那么教师就成了握在校长手中的利器。一个学校的事业兴旺发达就从这里起步。由于教师也是"人",所以也有缺点,也许教师还是缺点较多的"人"。校长不能把眼光专盯在教师的每个缺点上,而要尽量背对教师的缺点,把目光盯在教师的优点上,寄希望于他们的工作、活动上。

小原国芳

(四)丰富学生的课余生活

教师在课堂上跟孩子们的交往,只是教育工作的一部分。孩子的教养,精神上的发展,道德面貌的形成——所有这一切在很大程度上都有赖于在课余时间内进行的、不列入课表的工作。

苏霍姆林斯基:《帕夫雷什中学》

如果我们孜孜以求的,是让孩子心灵的全部活力都耗费在各门功课上,那他的生活就会变得不堪忍受。他应当不仅成为一名学生,而且首先成为一个胸怀广泛的兴趣、要求和志向的人。

苏霍姆林斯基:《教育的艺术》

兴趣意味着自我活动。兴趣是多方面的,因此,要求多方面的活动。

赫尔巴特:《教育学讲义纲要》

没有欢乐,便没有健康的体魄与健康的精神的和谐一致。如果孩子沉醉于原野的美景、星星的闪烁、铁匠们悠扬的歌声和野花的芬芳之中,自编自唱着一支歌,这就意味着,他正处于身体与精神和谐一致的最佳状态。

苏霍姆林斯基:《教育的艺术》

不能用一堵高墙把孩子同周围世界隔离开,不能让学生失掉欢快的精神生活。孩子只有生活在游戏、童话、音乐、幻想、创作世界中时,他的精神生活才有充分价值。没有了这些,他就是一朵枯萎的花。

苏霍姆林斯基:《把整个心灵献给孩子》

自由时间是丰富学生智力生活的首要条件。我们要使学生的生活中不单单只有学习,还要使学习富有成效,那就需要给学生自由时间。

苏霍姆林斯基:《给教师的建议》

阅读有如一扇窗子,儿童通过它看到并且认识世界和自身。

苏霍姆林斯基:《教育的艺术》

课外阅读,用形象的话来说,既是思考的大船借以航行的帆,也是鼓帆前进的风。没有阅读,就既没有帆,也没有风。阅读就是独立地在知识的海洋里航行。

苏霍姆林斯基:《给教师的建议》

第六编　家庭教育不可忽视

（一）家庭是儿童的第一课堂

儿童是在家庭里逐渐长大为少年儿童和学生的。因此,学校必须与家庭保持联系。学校与生活一致,家庭生活与学校生活一致,这是这一时期里……达到完善境界的完善的人的发展和人的教育之首要的、绝对不可缺少的要求。

福禄培尔:《人的教育》

家庭是社会的一个天然的基层细胞,人类美好的生活在这里实现,人类胜利的力量在这里滋长,儿童在这里生活着、成长着——这是人生的主要的快乐。

马卡连柯

充分满足这种渴望的首先是家庭生活,唯有这种家庭生活才能促使儿童善良的心灵和充满思想而天真无邪的性向真正活生生地、充满活力地发展和形成,对于任何教育阶段来说甚至对于人的整个一生来说是无可比拟地重要的。

福禄培尔:《人的教育》

家庭的智力气氛对于儿童的发展具有重大的意义。儿童的一般发展、记忆,在很大的程度上取决于:家庭里的智力兴趣如何,成年人读些什么、想些什么,以及他们给儿童的思想留下了哪些影响。

苏霍姆林斯基:《给教师的建议》

家庭生活的乐趣是抵抗坏风气的毒害的最好良剂。孩子们的吵吵闹闹,人们原来是感到很讨厌的,现在也觉得很有趣了;父亲和母亲更加感到他们彼此是很需要的,他们相互间比以往更加亲爱了,他们的夫妇关系也更为紧密了。

卢梭:《爱弥儿》

在许多家庭里,笼罩着互不信任的气氛,大家不是心平气和地用商量的口吻谈话,而经常是吵吵嚷嚷,这样就会出现难教育的儿童。与这种灾难作斗争、建立健康的家庭精神生活和良好的师生关系的唯一有力的手段,就是把家庭和学校里的教育过程建立在高度文明的基础上。

苏霍姆林斯基:《把整个心灵献给孩子》

家庭生活在儿童成长的每一个时期,不,在人的整个一生中,是无可比拟地重要的。

福禄培尔:《人的教育》

成人应该努力了解儿童的需要,最好给儿童提供一个适宜的环境,使他们得到满足。只有这样,才能开创一个教育的新纪元,从而给儿童的生活带来真正的帮助。

蒙台梭利:《童年的秘密》

教育儿童是父母义不容辞的责任。首先要有一个良好的家风作根本，才能培养出美好的德智习惯并持久不懈地促使其成长。家风不好而想使子女心灵、道德美好；教养不周而使子女身心活泼，犹如投身污泥而望其一尘不染，不事耕耘却望芽苗成长一样，简直是一种奢望。

福泽谕吉

在童年时代每个人都需要同情和温柔的感情。如果一个孩子在冷漠无情的环境中长大，他会变得对善良和美漠不关心。学校不可能完全取代家庭，尤其不可能完全取代母亲。

苏霍姆林斯基：《教育的艺术》

凡是有心管教儿童的人，便应该在儿童极小的时候早早加以管教。

洛克：《教育漫话》

一个人从出生至成人，要靠父母言行的熏染、学校教师的引导、社会环境的影响和世俗风气的感染而发展、成长。所以，其能否成人完全靠家庭、社会多方面培养教育的好坏来决定。其中，幼小时期耳濡目染所养成的习惯影响最深，不易矫正。所以说习惯是第二天性。幼时养成的气质、性格终生难改。人的贤与不肖完全取决于父母和家庭的教育。家庭教育实应慎重从事！

福泽谕吉

家庭中正常关系的失调，是以后产生精神和情绪的各种病态的肥沃的土壤。

杜威:《经验与教育》

(二)父母是孩子最好的老师

谈论家庭管教问题的人所犯的错误,就在于把一切过失和困难全部归到儿童身上,而认为父母毫无责任。

斯宾塞:《教育论》

只要父母之间没有炽热的感情,只要一家人的聚会不再使人感到生活的甜蜜,不良的道德就势必来填补这些空缺了。

人类的将来在新一代父母的手中,假如他们仍以武断的权威来毁灭孩子的生命力的话,战争和痛苦就会继续下去。假如他们再蹈他们父母严格训练的覆辙,他们就会失去孩子的爱,因为没有人会真正去爱他所怕的人。

尼尔:《夏山学校》

所有的父母都负着一个神圣的使命。他们是必须而且是唯一能够拯救自己孩子的人,因为他们在社会中具有组织起来的力量,并能在共同生活的实践中采取有力的行动。他们必须清楚地意识到自然界托付给他们使命的重要意义,这个使命使他们超越社会,并使他们能够改善所有的外界环境。毫无疑问,父母的手中掌握着人类社会未来的命运。

蒙台梭利:《童年的秘密》

应让他们明白，缺乏父母般的爱心，就不能成为好父母；但是即使有了父母般的爱心，大量的知识仍然是需要的。缺乏知识的本能不适宜去抚养孩子，这和缺乏本能的知识如出一辙。对知识的必要性理解得越深，有知识的女子就越为母亲的身份所吸引。

罗素：《教育与美好生活》

母亲的爱，是教育的真正原动力。但是不应忘记：这种母亲之爱如同未加工的璞玉，只有经过雕琢，才能成为熠熠发光的宝石。雕琢是必要的。溺爱的母亲相反会坑害孩子。俗话说："玉不琢，不成器。"盲目、不成熟、不学无术，这样的母亲会害了孩子，使孩子变坏。

小原国芳：《小原国芳教育论著选》

必须拿出父母全部的爱、全部的智慧和所有的能力，才能教养出伟大的人来。必须丢掉一般大众的家庭思想，把家庭当作只是对一群孩子给以不时的照顾，满足他们衣食的基本需要和某种教育就行了。这是不行的。在儿子身上进行深入的工作，进行细致的教育工作是有必要的。这种创造性的工作无法施加在许多孩子身上。应当保证质量。而要保证质量，只有把一个人的创造力集中起来才有可能。

马卡连柯：《父母必读》

做父母的十分检束自己的行为，凡不许儿女做的，父母不做，且禁止家庭中任何人做。

黄炎培：《怎样教我中学时期的儿女》

父母对自己的要求,父母对自己家庭的尊敬,父母对自己一举一动的检点,这是首要的和最基本的教育方法!

马卡连柯:《马卡连柯全集》

你们自身的行为在教育上是具有决定意义的。不要以为只有你们在同孩子谈话,或教导孩子、命令孩子的时候,才是在教育孩子。在你们生活的每一瞬间,甚至当你们不在家的时候,都在教育孩子。你们怎样穿衣服,怎样跟别人谈话,怎样谈论其他的人,你们怎样表示欢欣和不快,怎样对待朋友和仇敌,怎样笑,怎样读报——所有这些对儿童都有很大的意义。

马卡连柯:《儿童教育讲座》

父母不应当硬要自己的子女去做与他们的直接兴趣毫不相干的事,而应当首先让他们获得力量,这种力量是通过有效地处理身边的事务而产生的。力戒严厉和过度的压力。父母如果预先给子女拟定常规的发展进程,就会降低孩子的能力,严重地扰乱基本性的平衡。

裴斯泰洛齐:《隐士的黄昏》

父母认为,教育只是教会读书识字,这样做,便可以培养优秀的人才,而对自己应以身作则的道理却根本不用心考虑。要知道,父母的身教远比教会读书识字更能感染儿童的心灵,这才是最重要的教育。所以,对父母自身的行为决不可等闲视之。

福泽谕吉

父母的观念是异常重要的,缺少专门知识往往是父母成为最优秀教育家的羁绊。我确信如果父母渴望其子女获得良好的教育,愿意并有能力提供这种教育的教师决不至于匮乏。

罗素:《教育与美好生活》

我们对母亲们深怀敬意。母亲是天然的教师。母亲对儿童的影响是巨大的,对幼儿的影响尤其大:我们都知道,孩提时代的生活对一个人的整个性格或一个人的整个发展会打下多深的烙印,全部问题在于我们进行的是什么教育。

克鲁普斯卡娅:《共青团工作中的一个最重要部分》

(三)正确教育儿童的方法

教人要从小教起。幼儿比如幼苗,必须培养得宜,方能发荣滋长。否则幼年受了损伤,即不夭折,也难成材。所以小学教育是建国之根本;幼稚教育尤为根本之根本。

陶行知:《如何使幼稚教育普及》

某些教育应当从儿童在摇篮的时候开始。

斯宾塞:《教育论》

人生小幼,精神专利;长成之后,思虑散逸;固须早教,勿失机也。

颜之推:《颜氏家训·勉学》

幼儿教育是教好后一代的基础的基础,它关系到进入青少年时期德育、智育、体育的健康发展。所以说幼儿教育是一项重要的工作,是非常细致耐心的工作,也是一项极其光荣的工作。

徐特立:《给湖南省幼儿师范学校的一封信》

一个人的整个生活既全以儿童时期所受的教导为转移,所以,除非每个人的心在小时候得到培养,能去应付人生的一切意外,否则任何机会都会错过。

夸美纽斯:《大教学论》

幼小时所得的印象,哪怕极微极小,小到几乎觉察不出,都有极重大极长久的影响。

洛克:《教育漫话》

早年教育的任务就在于训练本能,使它们能产生一种和谐的品格,这种品格是建设性的而不是破坏性的,是热情的而不是阴郁的,它又是勇敢的、坦率而聪明的。

罗素:《教育与美好生活》

无论是从父母本身的幸福看,或是从对子女和后代的性格和生活的影响上看,我们都必须承认懂得对儿童进行体育、智育、德育的正确方法是非常重要的知识。

斯宾塞:《教育论》

必须趁早使孩子养成这样一种习惯，即：不命令人，因为他不是谁的主人；也不命令东西，因为东西是不听他的命令的。

卢梭：《爱弥儿》

我们应该尽量使孩子们在开始听到的一些故事必定是有道德影响的最好的一课。

柏拉图：《柏拉图论教育》

……务使敬畏父母之心变得很自然，他们的心理要肯服从，没有一点点勉强。

洛克：《教育漫话》

没有父母的爱所培养出来的人，往往是有缺陷的人。因此社会要使它的每一个成员——不管他是多么幼小——都得到真诚的父母之爱，这样，你们对于子女所负的责任也可以经常具体地实现。

马卡连柯：《父母必读》

有理智的爱，大概是父母与儿女之间相互关系的基础。爱以相互信任为前提——做父亲的也同做儿女的信任父亲一样，也必须信任儿女。

别林斯基：《新年的礼物》

凡是你打算给他的东西，他一要就给，不要等他向你乞求，更不要等到他提出什么条件的时候才给他。给的时候要高高兴兴的,而拒绝的时候就要表示不喜欢的样子;不过,你一经拒绝就不能加以改变,尽管他再三纠缠,你也不要动摇;一个"不"字说出去,就要像一堵铁打的墙,他碰五六次就会碰得精疲力竭,再也不想来碰了。

卢梭:《爱弥儿》

一个人在童年和少年时期的愿望也正是这样:学生很想得到许许多多东西,他的愿望没有止境。但是,如果让枝茎恣意抽生,果树便会疯长,粗壮的"陀螺"赘枝便会压倒和窒息果枝,如果成年人百依百顺地满足孩子的一切愿望,孩子就会长成一个随心所欲的人、一个充满刁钻古怪念头的角色、一个骑在亲人头上的小霸王。愿望的教育——是睿智而果敢的、敏感而严厉的"园丁"——教育者的一项繁复的、精细的工作。他善于剪去"赘枝",留下可以结出果实的枝茎。

苏霍姆林斯基:《教育的艺术》

教子工夫,第一在齐家,第二在择师。若不能齐家,则其子自孩提以来,爱憎謦笑,必有不能一轨于正者矣,虽有良师,化诲亦难。

陆世仪:《思辨录辑要》

教子须是以身率先,每见人家子弟,父兄未尝著意督率,而规模动定,性情好尚,辄酷肖其父,皆身教为之也。念及此,岂可不知自省。

陆世仪:《思辨录辑要》

人各欲善其子,而不知自修,惑矣。

张履祥:《愿学记》

儿童(不,成人也是一样)的举止大半是模仿得来的。我们都是一种模仿性很强的动物,是染于青则青,染于黄则黄的。

洛克:《教育漫话》

家庭应当用尽各种方法,鼓励儿童对运动的兴趣。不过,应当注意,不要让这种兴趣成为旁观者的兴趣。如果你们的儿子热烈地爱好各种足球比赛,知道所有的纪录保持者的姓名以及各种纪录的数字,而自己却不参加任何一种体育小组,不能溜冰,不能滑雪,不懂得怎样玩排球,那么,这种对运动只有旁观者的兴趣所能提供的利益是很少的,而且简直就是一种毒害。

马卡连柯:《儿童教育讲座》

权威应当不是由父母与子女的关系,而是由父母自身决定的。……权威的根源只出于一个地方:那就是父母的操行,包括行为的各方面——换句话说,就是包括父母两人的全部生活:他们的工作、思想、习惯、感觉和意图。

马卡连柯:《父母必读》

给儿童定下严格的每日生活制度,是教养的重要条件。如果没有这样的制度,而又不打算定,那么,读这本书或其他的教育书籍,都是完全白费时间。

养成遵守时刻的习惯,是一种对自己进行严格要求的习惯。在一定的时间起床,是对于意志的最根本的训练,它可以改正在被窝里幻想的习惯。吃饭的时候,准时入座,是对母亲、对家庭和其他人的一种尊重,也是一种自重的态度。在所有的事情上严守时刻,那就等于维护了父母的威信,遵守了纪律;性教育也是这样。

马卡连柯:《父母必读》

父母把爱集中在一个孩子的身上是一个极大的错误。

马卡连柯:《父母必读》

对儿童娇生惯养、百依百顺,会使他们变得懒惰、散漫和随心所欲。

苏霍姆林斯基:《和青年校长的谈话》

假如儿童在这一年龄阶段(幼儿——编者注)遭到损害,假如存在于他身上的他的未来生命之树的胚芽遭到损害,那么,他必须付出最大的艰辛和最大的努力才能成长为强健的人。

福禄培尔:《人的教育》

儿童是国家的基础,将来建国必须依靠他们。儿童的身心都未成熟,所以儿童教育要多用培育方式。

晏阳初:《中国农村教育问题》

一个人从小所受的教育把他往哪里引导，就能决定他后来往哪里走。

柏拉图:《理想国》

一切都取决于……能把下一代人造就成什么样。……教育决定着未来人类的生存，教育的衰落意味着人类的衰落。……塑造儿童就是塑造着未来。

雅斯贝尔斯:《现时代的人》

鞭挞或呵斥应该谨慎地避免的。因为这种惩罚的方法，除了使儿童对于使得自己遭受鞭挞或呵斥的错误行为发生一种羞耻与恐怖的心理以外，是决不能再有别种好处的。

洛克:《教育漫话》

对待事物的乐观愉快的心情，对自己力量的信心，用形象的话来说，就是照亮难教儿童前进道路的火光。如果扑灭这个火光，儿童就陷入黑暗、孤独之中，感到无限的悲哀和绝望。

苏霍姆林斯基:《和青年校长的谈话》

孩子最希望得到的最可贵的帮助——就是理解、怜恤和真诚的同情。而那种冷漠无情、麻木不仁的态度，会使孩子感到震惊……

苏霍姆林斯基:《教育的艺术》

不能用一堵高墙把孩子同周围世界隔离开。不能让学生失掉欢快的精神生活。孩子只有生活在游戏、童话、音乐、幻想、创作世界中时,他的精神生活才有充分价值。没有了这些,他就是一朵枯萎的花朵。

苏霍姆林斯基:《把整个心灵献给孩子》

经验告诉我们,娇生惯养的孩子比其他孩子死得还多一些。只要我们不使他们做超过其能力的事情,则使用他们的体力同爱惜他们的体力相比,其危害还是要小一些。因此,……锻炼他们的体格,使他们能够忍受酷烈的季节、气候和风雨,能够忍受饥渴和疲劳……

卢梭:《爱弥儿》

判断兴趣好坏的标准总是看是否使儿童卓有成效地成长。练习某一兴趣而无助于成长是放纵。为了最有利于成长,应具备三个条件:经久不衰的兴趣;来自环境的需要调动内部最大努力的挑战;最终的成功。

克伯屈:《教学方法原理》

要深入了解儿童,知道他们的喜怒哀乐。……要了解儿童并理解儿童。只有理解了儿童,才能给他们以真正的慈母般的关怀,使他们成为幸福的人。

克鲁普斯卡娅:《对学前教材的几点意见》

我们不要忘记儿童的兴趣,它绝不同于成人的兴趣。我们如果想利用儿童的兴趣,就必须认识儿童。要引起儿童的兴趣,首先必须了解儿童现在的精神状态,认识儿童的心理;其次必须准备必要的材料。

德可乐利:《比利时德可乐利的新教育法》

希望尊重孩子的力量。孩子能够做的事情,让他们自己尽量去做。对孩子总是手把手教、指手画脚,把嚼碎的饭送到嘴边喂食,长此下去,他们自己主动独立地学习是不可能的。要相信儿童有惊人的力量,要尊重他们。

小原国芳

积极的鼓励比消极的刺激来得好,但是鼓励法也不可用得太滥,一滥恐失其效用;刺激法若使用得当,也是很好的,不过只可偶一为之而已。

陈鹤琴:《家庭教育》

体罚是权威制度的残余,从时代的意义上说,它已成为死去的东西,它非但不足以使儿童改善行为,相反地,它是将儿童挤下黑暗的深渊。

陶行知:《育才学校教育纲要草案》

(四)尊重儿童的个性和习惯

适应自然这个原则是一切教育的最高原则。在教育中我们是同人打交道,是教育人的问题。因此,我可以肯定地说:在人的教育中,一般地说,一切都取决于不违反人的本性;个别地说,一切都应当适应每个人的个别特征。

第斯多惠

因而知教育者,与其守成法,毋宁尚自然;与其求划一,毋宁展个性。

蔡元培:《新教育与旧教育之歧点》

我们的职责是:全面地发展每一个学生的个性,发展他的禀赋,形成对艺术创作的才能,以便使他享有一种多方面的完满的精神生活。

苏霍姆林斯基:《给教师的建议》

既要发挥各自多方面的才能,又要充分发挥各自的特色。我认为这才是教育最应崇尚的东西。

小原国芳

不要使儿童养成自卑的态度,不要使儿童养成自大的习气,不要利用惧怕来压迫儿童……随时使儿童快乐。

陈鹤琴:《心理与心理卫生》

孩子年轻的时候,他们天性的征兆是那么不固定……有些人由于缺乏先见之明,不善于指引他们的道路,往往花费很多时间和孩子谈他们天性所不喜爱的东西,而毫无结果。

蒙田:《论儿童的教育》

自制的脾气与他们不羁的本性根本相反,所以应当及早培养;同时,这种习惯又是未来的能力与幸福的真正基础,所以应当尽早打进他们的心理,当儿童刚有知识、刚能懂事的时候就要着手,凡是对于他们的教育负有责任的人,都应极力设法在儿童身上形成这种习惯。

洛克:《教育漫话》

要尊重儿童,不要急于对他作出或好或坏的评判。

卢梭:《爱弥儿》

……应该利用一切机会,甚至在可能的时候创造机会,给他们一种不可缺少的练习……这就可以使他们养成一种习惯,这种习惯一旦培养成功之后,便用不着借助记忆,很容易地、很自然地就能发生作用了。

洛克:《教育漫话》

儿童获得习惯的速度是惊人的,而且所获得的每一种不良习惯都会成为以后形成良好习惯的障碍。……如果最初形成的习惯是好的,就可以免去以后的许多麻烦;更重要的是,最初获得的习惯对以后的生活来说,具有与本能类似的作用。

罗素:《论教育》

凡在儿童身上可能培养的习惯,都应及早开始,然后渐渐加强这些训练。

亚里士多德:《政治学》

既然习惯是人生的主宰,人们就应当努力求得好的习惯。习惯如果是在幼年就起始的,那就是最完美的习惯,这是一定的,这个我们叫作教育。教育其实是一种从早期就起始的习惯。

培根

有三种东西能使人善良而有德行,那就是天性、习惯和理性。……由于天性、习惯和理性不能经常统一,这就是必须使它互相调和。

亚里士多德:《政治学》

天性常常是隐而不露的,有时可以压伏,而很少能完全熄灭的。……一个人的天性不长成药草,就长成莠草;所以他应当及时灌溉前者而芟除后者。

培根:《培根论说文集》

要求重视儿童的精神的形成,而且应该及早形成,那是可以影响他们日后一生一世的生活的。

洛克:《教育漫话》

教育者不仅常常有必要使一些习惯牢固地扎下根来，而且也常常有必要去根除一些已经形成的习惯。后者比前者更困难，因此它需要更加周密的思考，也需要更大的耐心。

乌申斯基:《论习惯的培养》

从小就养成这样还是那样的习惯不是件小事情；恰恰相反，它非常重要，比一切都重要。

亚里士多德:《尼各马科伦理学》

教师在教育上的英明就是要让孩子任何时候都不失掉信心，都不使他感到什么都不好。

苏霍姆林斯基:《把整个心灵献给孩子》

要使孩子们保持他们的天真。只有一个良好的办法，那就是：所有他周围的人都要尊重和爱护他们的天真，不这样做，则我们对他们所采取的一切控制办法迟早是要同我们预期的目的产生相反的效果的……

卢梭:《爱弥儿》

在万物的秩序中，人类有它的地位；在人生的秩序中，童年有它的地位；应当把成人看作成人，把孩子看作孩子。

卢梭:《爱弥儿》

每一个人的心灵有它自己的形式,必须按它的形式去指导他;必须通过它这种形式而不能通过其他的形式去教育,才能使你对他花费的苦心取得成效。

卢梭:《爱弥儿》

真正的学校应该是这样的学校:把孩子当作孩子来尊重,使他们在身体方面、精神方面都得到发展,具有将来能够作为一个真正的大人、作为一个真正的人生存下去的素质。

小原国芳

没有兴趣,就不会有进步。快乐是唤起活生生的有机体去适应自我发展的天然方法……痛苦无疑只是唤起有机体活动的一个次要手段,仅仅在快乐减退的时候才出现。快乐是生命冲动正常而健康的刺激力量。

怀特海:《教育的目的》

要避免一切不必要的压制,这样的强制可使儿童无所适从,可能抑制他们的情绪,毁灭他们的乐趣;同时这还可以毁灭他们今后对童年的美好回忆,乃至对教育者的真诚的谢意,而这将是他们对教育者唯一真诚的感谢!

赫尔巴特:《普通教育学》

新教育……深知儿童身心发达之程序。而择种种适当之方法以助之。如农学家之于植物焉，干则灌溉之，弱则支持之，畏寒则置之温室，需食则资以肥料，好光则复以有色之玻璃；其间种类之别，多寡之量，皆几经实验之结果，而后选定之；且随时试验，随时改良，决不敢挟成见以从事焉。

蔡元培：《新教育与旧教育之歧点》

只有在一个有利于个性的教育的环境中，才能指望个性的全面发展。

沛西·能：《教育原理》

儿童具有一种依靠自己而能够吸收的心理，这一发现给教育界带来一场革命。我们现在能够轻而易举地理解为什么人的发展的第一时期，性格形成时期，是最为重要的。正是在这个时期，儿童最需要一种明智的帮助，影响其创造活动的任何障碍都将影响其充分的发展。我们应该帮助儿童。由此，我们不再把儿童视为一种弱小的生物，而是赋予儿童一种巨大的创造能力，然而这种能力非常脆弱，需要爱和正确的保护。

蒙台梭利：《有吸收力的心理》

一个高明的教师，当他接受托付给他的儿童时，应当首先了解儿童的能力和资质。有些孩子是懒惰的，你需要激励他；有些孩子一听到吩咐就发怒；恐吓能约束某些孩子，然而却使另一些孩子失去生气；有些孩子由于持续的勤劳而得到陶冶,但也有另一些孩子因短期的努力而成就更好。

昆体良

我相信——一切教育都是通过个人参与人类社会的意识而进行的。这个过程几乎是在出生时就在无意中开始了。它不断地发展个人的能力,熏染他的意识,形成他的习惯,锻炼他的思想,并激发他的感情和情绪。由于这种不知不觉的教育,个人便渐渐分享人类曾经积累下来的智慧和道德的财富。他就成为一个固有文化资本的继承者。

杜威:《教育的信条》

我们的错误往往会落在儿童的身上,并给他们带来不可磨灭的痕迹。我们终将会死去,但儿童却要承受因我们的错误而造成的后果。对儿童的任何影响都会影响到人类的发展,因为一个人的个性特征就是在他童年心灵的敏感和秘密时期形成的。

蒙台梭利:《童年的秘密》

人的个性,这是一种由体力、精神力量、思想、情感、意志、性格、情绪等因素组成的极复杂的合金。不了解这一切,就既谈不上教学,也谈不上教育。

苏霍姆林斯基:《和青年校长的谈话》

儿童的年纪越小，越是应当向他进行直接的道德教育；也就是说，越是不应当教训他，而应当使他习惯于良好的感情、嗜好与品行，其基础大都建筑在习惯上，而不是建筑在观念的过早的、因而也就是不自然的发展上。

别林斯基

从年纪最小的幼年期起，合理地教育儿童，并不像许多人想象的那么困难。虽有困难，却是每一个人、每一个父亲和每一个母亲的能力所能克服的。每一个人，只要真正愿意，那么，要很好地教育自己的儿童是极为容易的事。并且，这也是愉快的、欢欣的和幸福的事情。

马卡连柯:《论共产主义教育》

有些人是过分严格，有些人是过分放任，这两种情况都同样是要避免的。如果你放任孩子不管，就会使他们的健康和生命遭到危险，使他们在眼前受到许多苦楚；但是，如果你过分关心，一点苦都不让他们受，就会使他们在将来遭到更大的苦难，使他们长得十分娇嫩、多愁善感，从而使他们脱离成人的地位，但是，这种地位，不管你愿意不愿意，他们终有一天会达到的。你为了不让他们受到大自然给予他们的一些痛苦，结果反而给他们制造了许多它不让他们遭遇的灾难。

卢梭:《爱弥儿》

（五）儿童成长离不开游戏

儿童早期的各种游戏，是一切未来生活的胚芽；因为整个人就是在游戏中，在他最柔嫩的性情中，在他最内在的倾向中发展和表现的。

福禄培尔:《人的教育》

要爱护儿童，帮他们做游戏，使他们快乐，培养他们可爱的本能。

卢梭:《爱弥儿》

多给孩子以真正的自由，少让他们养成驾驭他人的思想；让他们自己多动手，少要别人替他们做事。

卢梭:《爱弥儿》

游戏是对有机体身体的发展有益的一种准备练习。……当儿童游戏的时候，他也是在发展他的知觉、他的智力，他要从事于试验的冲动，他的社会本能等等。这就是游戏之所以是幼童学习过程中如此强有力的一个杠杆。

皮亚杰:《教育科学与儿童心理学》

游戏是人在这一阶段最纯洁的最神圣的活动。同时，它是人的整个生活中所特有的。所以，游戏给人欢乐、自由、满足、内部和外部的平静、与整个世界的安宁。它具有一切善的来源。一个能够痛快地、有着自动的决心、坚持地游戏，直到身体疲劳为止的儿童，必然会成为一个完全的、有决心的人，能够为了增进自己和别人的幸福而自我牺牲的人。一个游戏着的儿童，一个全神贯注地游戏的儿童，一个这样沉醉于游戏中的儿童，不是儿童生活的最美丽的表现吗？

福禄培尔:《人的教育》

游戏和语言是儿童生活的组成因素。所以在这个时期，儿童给每一事物以生命、情感和言语的官能。在他想象中，每一件事物都是有听觉的。因为儿童自己已经开始把他的内部存在向外部表现。他认为周围的一切东西——卵石和木片、植物、花卉和动物，会有相同的活动。

福禄培尔:《人的教育》

教导儿童的主要技巧是把儿童应做的事也都变成一种游戏似的。

洛克:《教育漫话》

儿童对活动的需要几乎比对食物的需要更为强烈。

蒙台梭利:《儿童教育》

过分要求儿童安安静静地坐着或斯斯文文地走路，并不是一桩好事，常常跳跳蹦蹦或者常常有事情做，是身体强健和精力充沛的确切的象征；所以，凡是吸引他们注意的东西，应该给他们而不应加以拒绝，但以满足他们为上；凡做一件事，就应好好地做，并带有为未来致用的观点。

夸美纽斯:《母育学校》

儿童设法在同伴中看到自己,在同伴中感觉自己,从同伴那里衡量和测量自己,通过他们的帮助了解自己和发现自己。所以,游戏直接地影响着儿童的生活和教育,唤醒并培养他们各种公民的和道德的品质。

福禄培尔:《人的教育》

儿童毕竟是儿童,少先队的游戏应占很大的地位,游戏使他们的体力得到发展,在游戏中增强他们的体力,坚强双手的操作,灵活他们的身躯,锻炼他们的目力,发展他们的聪明与智慧的积极性。在游戏中养成他们组织性的习惯,养成忍耐和判断情况的能力……这些优点。

克鲁普斯卡娅:《论少年先锋队》

游戏的场所是儿童的生活实验室,它为年轻的生命提供了美好的特征和气氛。没有了这种特征和气氛,生命的这一时期对于人类来说将是毫无益处的。

沙茨基:《沙茨基教育论著选》

游戏在儿童生活中具有极重要的意义,具有与成人的活动、工作和服务同样重要的意义。儿童在游戏中表现怎样,当他长大的时候,他在工作中也多半如此。因此,未来活动家的教育,首先要在游戏中开始。

马卡连柯:《儿童教育讲座》

儿童有行使自由意志的能力。教育上最大的一个问题是如何运用这种能力同如何给予这种能力以必要的限制结合起来。

康德:《康德教育论》

给儿童提供独立活动的机会,是培养意志的必要条件,而意志在人的一生中起着重大的作用。如果一个教师老是牵着学生走路,那他就是不懂得意志力形成的条件和源泉。

赞科夫:《和教师的谈话》

假如你们希望以后在适当的时候你们的孩子能够帮助你们的话,那么就要及早地在他们身上培养活动的本能,特别是在目前少年期培养他们的塑造冲动,即使需要你们作出一些克制和牺牲,也在所不惜……犹如从肥沃的土地上获得良好的收成一样,以后将会得到许许多多的、甚至上百倍的报答。

福禄培尔:《人的教育》

那些天真烂漫、活泼而健康的孩子是怎么活动的呢? 他们玩是为什么? 玩是为了玩。孩子跑跑跳跳、扭打着玩耍、爬高、游泳——这都是为了什么? 都是因为孩子喜欢这些活动。这是天经地义的事。

第斯多惠:《德国教师培养指南》

应该让孩子时时刻刻与人生的实际经验相接触;玫瑰花要让他玩,刺不要摘去。然而,这是今天的儿童教育中最容易忽视的一点,因此,虽有"很合理"的方法,却常常传来失败的消息。

爱伦·凯:《儿童的世纪》

儿童非常爱好游戏,这种爱好也应当得到满足。不仅仅应当给儿童游戏的时间,而且应当使儿童的全部生活充满游戏。儿童的全部生活,也就是游戏。

马卡连柯:《关于我的经验》

儿童喜爱忙忙碌碌,对儿童的这种爱好,永远应该加以指导,使他们去做有益于他们自己的事情。

洛克:《教育漫话》

第七编　生命在于运动

（一）健康是第一重要的事

有健康的身体才有健全的精神。

洛克:《教育漫话》

身体必须要有精力,才能听从精神的支配。

卢梭:《爱弥儿》

身体是心智的仆人,是表现心智的中介。关心身体,给以身体方面的知识,并发展体质。以循序地组织的练习来锻炼身体。

福禄培尔:《人的教育》

如果你想培养你的学生的智慧,就应当先培养他的智慧所支配的体力。不断地锻炼他的身体,使他健壮起来,以便他长得既聪慧又有理性,能干活,能办事,能跑,能叫,能不停地活动,能凭他的精力做人,能凭他的理性做人。

卢梭:《爱弥儿》

人类的幸福只有在身体健康和精神安宁的基础上,才能建立起来。

欧文:《新社会观》

身体最强健的人不容易受饮食或劳作的影响,最茁壮的草木也不容易受风日的影响。

柏拉图:《文艺对话集》

人类真正的理解力不仅不是脱离身体而独立形成的,而是有了良好的体格才能使人的思想敏锐和正确。

卢梭:《爱弥儿》

有秩序的健康生活必须是教育的基础;同样也是教育的最初准备。

赫尔巴特:《普通教育学》

一个学校,如果任意损害学生的身体健康,扼杀他们的主动性、自尊心和自信心,这种学校一般说来不能对学生产生任何教育影响,或者确切些说,只能产生极其有害的影响。

克鲁普斯卡娅

学校应该尽一切可能去巩固新一代的健康和力量;它应该使学生的伙食富有营养,使学生睡眠充足,衣服舒适而且暖和,能合乎卫生要求地照顾身体,能呼吸清新的空气;能从事相当的运动。

克鲁普斯卡娅

一般地说,凡是在年轻的时候善于保养,因而没有未老先衰的人,其精神的活力总是比那些一有精力就开始放荡的人多……

卢梭:《爱弥儿》

健康的规律必须认识以后才能充分实行。

斯宾塞:《教育论》

(二)健康离不开运动

体育是增进青年健康、发展他们的体力和各种能力的必要条件。

凯洛夫:《教育学》

体育的任务是使学生的身体获得发育,使它变得结实健壮,有坚忍和持久的力量,并且要发展学生的灵活而美观的动作。

凯洛夫:《教育学》

身体强健的主要标准在于能忍耐劳苦。

洛克:《教育漫话》

我们的身体只要从小养成习惯,它们是什么都受得了的。

洛克:《教育漫话》

艰苦的生活一经变成了习惯,就会使愉快的感觉大为增加,而舒适的生活将来是会带来无限的烦恼的。

卢梭:《爱弥儿》

教育的最大秘诀是:使身体锻炼和思想锻炼互相调剂。

卢梭:《爱弥儿》

把身体上与精神上的训练相互变成一种娱乐,说不定就是教育上的最大秘诀之一。

洛克:《教育漫话》

身体健康下降是学习过度的后果,……硬塞知识的做法该受到多么严厉的谴责。

斯宾塞:《教育论》

体育对于儿童的脑力紧张不会增加负担,相反地,它在脑力作业之后起一种松弛作用,使脑力得到特殊的休息。

加里宁:《论共产主义教育和教学》

体育——就是为健康而奋斗,就是为使我们的学生在身体和精神两方面一致地得到增强而奋斗。

苏霍姆林斯基:《帕夫雷什中学》

(三)劳动能锤炼心灵和双手

年轻人对劳动不能凭空产生热爱,只有通过劳动才能获得这个珍宝。

苏霍姆林斯基:《给儿子的信》

什么是生活的最大乐趣？我认为,这种乐趣寓于与艺术相近的创造性劳动之中,寓于高超的技艺之中。如果一个人热爱自己从事的劳动,他一定会竭尽全力使其劳动过程和劳动成果充满美好的东西。

苏霍姆林斯基:《给儿子的信》

不仅要爱好劳动,而且要诚实地看待劳动,应牢牢记住,如果一个人活着,只吃饭不做事,那他就是侵蚀别人的劳动。

加里宁:《论共产主义教育》

如果你能成功地选择劳动,并把自己的全部精神灌注到它里面去,那么幸福本身就会找到你。

乌申斯基:《人是教育的对象》

教育不仅应当发展人的理智,传授他一定范围的知识,还应该在他身上燃起对认真劳动的渴望,没有这种渴望,他的生活既不能是可尊敬的,也不可能是幸福的。

乌申斯基:《劳动的心理和教育的意义》

孩子在懂得劳动的社会意义之前应当感受到,没有劳动就不可能生活,劳动能带来快乐,能充实精神生活。我们竭力使劳动在幼年时期就进入儿童的精神生活。

苏霍姆林斯基:《帕夫雷什中学》

学校进行与教育紧密联系的儿童生产劳动,可以使教育本身变得更有生命力、更加深入。这种学校将要培养受过全面劳动训练的人,他能担任每一项工作,能操纵各种机器,适应各种生产条件。这种人同样能从事知识分子的劳动……这样才能摆脱官僚制度的气息,而成为生活的主人。

克鲁普斯卡娅:《论社会主义学校问题》

学习和劳动的结合,就在于干活时思考和思考时干活。……通过思维和体力劳动的结合,双手的精确动作在实现同样精确的设想,就使少年变成聪明的思考者,他们是在研究和发现真理,而不是单纯地"消费"现成的知识。

苏霍姆林斯基:《给教师的建议》

在劳力上劳心,是一切发明之母。事事在劳力上劳心,便可得事物之真理。

陶行知:《在劳力上劳心》

对待劳动的态度是一个人精神生活的最重要的因素。

苏霍姆林斯基:《教育的艺术》

劳动不仅是人的发展的必要条件,并且还是维持他已经达到的那种程度的尊严的必需条件。一个人没有亲身的劳动就不能前进。

乌申斯基:《劳动的心理和教育的意义》

无论如何儿童一定要有事做,懒散会导致做坏事与不受约束。如果所做的事是有用的工作(如手工劳动或野外劳动),那就更好。如果利用做事的手段学习有利于将来教养的东西,那更要好。

赫尔巴特:《教育学讲义纲要》

劳动是社会上每个人应尽的责任。一切游手好闲的人,不论他是穷的富的,强的弱的,都是骗子。

卢梭:《爱弥儿》

使功课劳作合一,提倡职业训练,是提高人的工作能力、增加实际生产量的最好的途径。

裴斯泰洛齐:《林哈德和葛笃德》

我国实施综合技术教育的学校不应变成培养手艺匠的学校,但是我们也知道,为了更加深入地研究现代技术,需要具备一定的、起码的基本技能;我们反对做许许多多手工艺劳动,因为人们往往用它代替综合技术教育。我们主张儿童应从事生产劳动,但是我们反对让儿童的生产劳动把学习都压缩到最低限度。

克鲁普斯卡娅

儿童进行劳动的目的,不在于这种劳动的结果,而在于它对儿童的教育意义。不要进行机械性的劳动,而要进行可以达到一定目的的劳动,具有思想意义的劳动。

克鲁普斯卡娅

手工劳动是发展儿童个性的一种手段,是显示儿童的一种创造愿望的场所,是一种教育方法,是均衡发展的一种手段。

克鲁普斯卡娅

劳动可以形成一个人的智慧和性格。

克鲁普斯卡娅

各方面的劳动以很早就使儿童的爱好、兴趣和天才显露出来。

克鲁普斯卡娅

只有当一个人认识到在劳动中有一种比获得满足物质需要的资料更重要的东西,即精神创造及自身才能和天资的发挥,只有在那时候,劳动才能成为快乐的源泉。我们劳动教育的理想,就在于使一个人早在少年时期和青年早期就能领悟到劳动能使他的自然天赋更全面、更明显地发挥出来,劳动会带给他精神创造的幸福。

苏霍姆林斯基:《帕夫雷什中学》

只有当人经过劳动创造了美的时候,美才会使他高尚。

苏霍姆林斯基:《帕夫雷什中学》

如果教育希望人有幸福,它应当不是为了幸福而教育人,而是为了准备参加生活的劳动。……教育应当培养人对劳动的习惯和爱好,它应当使人能在生活中为自己找到劳动。

乌申斯基:《劳动的心理和教育意义》

教育不仅应当培养学生对劳动的尊敬和热爱,它还必须培养学生劳动的习惯,因为认真严肃的劳动经常是艰苦的。

乌申斯基:《劳动的心理和教育意义》

只有能够鼓足干劲工作并懂得什么是汗水和疲劳的人,才会理解欢乐的感情。童年不应当是连续不断的节日——假如儿童不投入力所能及的紧张的劳动,他们仍然无法理解劳动的幸福。……一个人不劳动就会变得微不足道。重要的教育任务在于,把每一个受教育者的自尊感和自豪感都建筑在劳动成就的基础之上。

苏霍姆林斯基:《教育的艺术》

各级教育,应于训练上一律励行劳动化,使青年心理上确立尊重职业之基础,且使之获得较正确之人生观。

蔡元培、黄炎培等:《中华职业教育社宣言》

在培养学生从事现代劳动时,必须以关于自然和社会的确实的科学知识、技术科学的基本知识和劳动的技能与技巧武装他们。……但是为了进行有高度生产率的劳动,这还是不够的。除普通教育和综合技术教育以外还必须进行职业教育,保证培养学生有从事各种具体的现代劳动的能力。

凯洛夫:《普通中等教育的改革》

劳动教学里,既包括掌握一定的手工技能和技巧,也包括了解材料的某些性能。……还能培养这样一些宝贵的个性品质,如学会集体工作、热爱劳动、克服困难的坚毅精神等。

赞科夫:《和教师的谈话》

把专业训练和道德培养结合在一起。

裴斯泰洛齐:《林哈德与葛笃德》

勤工俭学的意义还在于它能够培养和发挥青年的创造性和才能,如果我们给青年安排一条轻便的道路,他们只需饭来张嘴,上课就念书,什么也不管,这样我们就会害了青年,会使聪明的人也变成傻瓜。

徐特立:《劳力与劳心并进,手和脑并用》

要记住,童年时期流的每一滴汗水,顶得上成年时期许多天紧张的劳动。童年时期种出的每一捧粮食,其意义好似堆积如山的金色小麦,好似肥田沃野,好似一代人的多年劳动。

苏霍姆林斯基:《给儿子的信》

学习是劳动,并且应当永远是劳动,是充满了思想的劳动,使求学的兴趣本身依赖于严肃的思想,而不是依赖于不合乎实际的任何表面文章。

乌申斯基:《教学法原理》

身体既是心智的基础,发展心智就不能使身体吃亏。

斯宾塞:《教育论》

(四)养成良好的卫生习惯

适当的休息,是健身的主要秘诀之一,万不可忽略。忽略健康的人,就是等于在与自己的生命开玩笑。

陶行知:《每天四问》

我们的身体要过着一种有规则的、有节制的生活,方才能够保持健康精壮。

夸美纽斯:《大教学论》

要依照生长的速度来控制体力和智力的运用。

斯宾塞:《教育论》

学校应该尽一切可能去巩固新一代的健康和力量；它应该使学生的伙食富有营养，使学生睡眠充足，衣服舒适而且暖和，能合乎卫生要求地照顾身体，能呼吸清新的空气，能从事相当的运动。

克鲁普斯卡娅

第八编　不可不知的教育警言

（一）对待孩子一定要公正

公正——这是孩子信任教师的基础。然而,在个性以外,在个人的兴趣、爱好和激情以外,不存在什么抽象的公正。要公正处事,就必须细致入微地了解每个孩子的精神世界。

苏霍姆林斯基:《教育的艺术》

请你不要忘记,孩子们受到不公平的待遇,特别是这种待遇来自一个亲近的人的时候,他的痛苦心情会在心灵里留下一个长久的痕迹。

赞科夫:《和教师的谈话》

很难想象还有什么比由于不公正而产生的情感上的麻木更能摧残儿童心灵的了。孩子一旦感受到了别人对他漠不关心的态度,他就失去了对善与恶的敏感性。他分辨不清周围人干的哪些是好事,哪些是坏事。他心里便产生对人的怀疑和不信任,而这就是怨恨的最主要的来源。

苏霍姆林斯基:《把整个心灵献给孩子》

用一个模式、毫无区别的态度去对待所有的儿童,那是漠不关心、不公正的最坏的表现。如果儿童感到别人眼里没有他，不想去知道他个人的小小的不幸，把他丢在一边不管，那么他会认为这是一种痛苦的屈辱和极大的不公正。有时候，譬如在儿童独立完成作业时，只要教师走到他跟前，问他一点什么，给他一些指点，这对他就是一种精神支持。

苏霍姆林斯基:《和青年校长的谈话》

（二）避免空洞的说教

说教之所以最没有用处，其原因之一就是它是普遍地向所有一切的人说的，既没有区别，也没有选择。

卢梭:《爱弥儿》

冷冰冰的理论，只能影响我们的见解，而不能决定我们的行为;它可以使我们相信它，但不能使我们按照它去行动，它所揭示的是我们应该怎样想而不是我们应该怎样做。如果对成年人来说是这样的话，对青年人来说就更应该是这样了，因为，他们现在受着感官的蒙蔽，他们怎样想象就怎样认识的。

卢梭:《爱弥儿》

我是一点也不喜欢长篇大论地口头解释的，年轻的人是根本不用心听这种解释的，而且也是记不住的。用实际的事物！用实际的事物！我要不厌其烦地再三指出，我们过多地把力量用在说话上了，我们这种唠唠叨叨、废话连篇的教育，必然会培养出一些唠唠叨叨、废话连篇的人。

卢梭:《爱弥儿》

我经常看到人们是怎样企图用空洞的说教来向儿童灌输道德规范、行为准则和爱国主义的。可是当你仔细地观察儿童时，你就会发现：这些老生常谈已经使儿童感到枯燥乏味。儿童听着这些说教，可是他们并没有留下踪迹，因为没有触动儿童的情感。

赞科夫:《和教师的谈话》

（三）坚决废止体罚和侮辱

鞭挞或呵斥应该是谨慎地避免的；因为这种惩罚的方法，除了使儿童对于使得自己遭受鞭挞或呵叱的错误行为发生一种羞耻与恐怖的心思以外，是决不能再有别种好处的。

洛克:《教育漫话》

事实上，施用强力的结果，我们反而只能使人憎恶学问，不能使人爱好学问。所以，我们每逢看见有人尽理受了病，不爱用功，我们便当采用温和的疗法，除去他的毛病，绝对不可采用暴烈的方法。

夸美纽斯:《大教学论》

有损人类尊严的各种处罚施之于儿童，会压制儿童精神上可贵的自由、自重,也会使得儿童的心灵为自卑、恐惧、隐瞒和狡猾的肮脏之感所腐蚀,在这种的情况下,教育是徒劳无益的。

别林斯基:《新年的礼物》

如果你打了孩子,这对于孩子来讲,无论如何是一种不幸,不仅是痛苦和伤害,而且会养成儿童冷淡的习惯和倔强的性格。

不过这种不幸固然是孩子的不幸,而你自己呢,一个强壮的大人,一个成人和公民,一个有脑筋有肌肉的生物——你殴打一个正在成长的儿童的软弱身体,你是什么样的人呢?

马卡连柯:《父母必读》

(四)学校中不应有恐惧

恐惧心会麻痹人的正常的心理活动:知觉、记忆、思维、言语等。一个学生在正常的状态下能够正确地回答问题,而在恐惧的状态下就会惊慌失措,变得愚笨。即使他脑子里有这些知识,他也可能连一句话都说不出,或者说得颠三倒四。

赞科夫:《和教师的谈话》

有些儿童的神经特别敏感,学校里的嘈杂环境——奔跑、喧哗、叫喊,都会使他受到刺激。特别是教师的大声训斥,哪怕它不是对着某个胆小的孩子,而是对班上别的孩子而发的,这个孩子简直也会吓得发呆。恐惧感甚至会使儿童听不见别人喊他的名字,听不懂教师在讲些什么,这样教师讲的话对他就失去了意义。……在学校里，人们的每一句话都应浸透高度的人道和同情精神，人与人之间的关系不应蒙上恐惧的阴影。学校里不应当有恐惧，正如美和丑不应相容一样。

苏霍姆林斯基:《和青年校长的谈话》

附录：中外著名教育家简介

1. 孔子(前 551－前 479)，春秋末期思想家、教育家。曾修订《诗》、《书》、《礼》、《乐》、《易》、《春秋》。现存《论语》一书记载其言行。

2. 墨翟(约前 468－前 376)，春秋战国时期思想家、教育家。其学说存于《墨子》一书中。

3. 孟轲(约前 372－前 289)，战国时期思想家、教育家。著作有《孟子》。

4. 荀况(约前 313－前 238)，战国末期思想家、教育家。著作有《荀子》。

5. 贾谊(前 200－前 168)，西汉文学家、教育家。著作有《贾谊集》。

6. 董仲舒(前 179－前 104)，西汉哲学家、教育家。著作有《春秋繁露》、《董子文集》。

7. 王充(27－约 97)，东汉教育家。著作有《论衡》等。

8. 颜之推(531－约 595)，北齐文学家、教育家。著作有《颜氏家训》。

9. 韩愈(768－824)，唐朝文学家、教育家。著作有《韩昌黎文集》。

10. 张载(1020－1077)，北宋哲学家、教育家。著作有《张子全书》。

11. 王安石(1021－1086)，北宋政治家、文学家、教育家。著作有《王文公文集》、《周官新义》等。

12. 朱熹(1130－1200)，南宋哲学家、教育家。著作有《陆九渊集》、

《晦庵先生朱文公文集》、《朱子语类》等。

13. 陆九渊(1139－1193)，南宋哲学家、教育家。著作有《陆九渊集》、《象山先生全集》。

14. 王守仁(1472－1528)，明朝哲学家、教育家。著作有后人汇辑的《王文成全书》、《王阳明全集》。

15. 张履祥(1611－1674)，明清之际教育家。著作有《杨园先生全集》。

16. 王夫之(1619－1692)，明清之际思想家、教育家。著作汇编为《船山遗书》。

17. 颜元(1635－1704)，清初思想家、教育家。著作有《四存编》、《四书正误》、《心斋记余》等。

18. 龚自珍(1792－1841)，清朝思想家、文学家、教育家。著作有《龚自珍全集》。

19. 张之洞(1837－1909)，清朝教育家。著作有《劝学篇》等。

20. 严复(1854－1921)，近代思想家、教育家。著作有《严幾道诗文钞》、《严译名著丛刊》。

21. 康有为(1858－1927)，近代思想家、教育家。著作有《新学伪经考》、《大同书》等。

22. 蔡元培(1868－1940)，近代教育家。著作有《蔡元培全集》、《蔡元培教育文选》。

23. 梁启超(1873－1929)，近代思想家、教育家。著作有《饮冰室合集》。

24. 徐特立（1877—1968），无产阶级革命家、教育家。著作有《徐特立教育文集》。

25. 黄炎培（1878—1965），近现代民主革命家、教育家。著作有后人辑成的《黄炎培教育文选》。

26. 晏阳初（1890—1990），近现代教育家。著作有《晏阳初全集》。

27. 陶行知（1891—1946），近代教育家。著作有《陶行知全集》。

28. 陈鹤琴（1892—1982），近现代教育家。著作有《陈鹤琴教育文集》。

29. 叶圣陶（1894—1988），近代教育家。著作有《叶圣陶文集》、《叶圣陶语文教育论集》。

30. 苏格拉底（前496—前399），古希腊哲学家、教育家。其教育思想见柏拉图的《苏格拉底的最后日子——柏拉图对话集》、色诺芬的《回忆苏格拉底》。

31. 柏拉图（前427—前347），古希腊哲学家、教育家。主要著作有《理想国》、《法律篇》等。

32. 亚里士多德（前384—前322），古希腊哲学家、教育家。主要著作有《工具论》、《政治学》等。

33. 昆体良（约35—95），古罗马教育家。主要教育著作有《雄辩术原理》。

34. 伊拉斯谟（约1466—1536），文艺复兴时期尼德兰（今荷兰）人文主义者、教育家、文学家。主要教育著作有《愚人颂》等。

35. 蒙田（1533—1592），文艺复兴时期法国人文主义者、教育家。主要教育著作有《蒙田随笔》、《人生随笔》等。

36. 培根(1561－1626)，近代英国科学家、教育家。主要教育著作有《崇学论》、《新大西岛》、《新工具》等。

37. 夸美纽斯(1592－1670)，17 世纪捷克教育家。主要教育著作有《大教学论》、《母育学校》、《世界图解》等。

38. 洛克(1632－1704)，17 世纪英国哲学家、教育家。主要教育著作有《教育漫话》、《人类理解力论》等。

39. 卢梭(1712－1778)，18 世纪法国启蒙思想家、教育家。主要著作有《爱弥儿》、《漫步遐想录》等。

40. 爱尔维修(1715－1771)，18 世纪法国启蒙思想家、教育家。主要教育著作有《论人及其智力和教育》等。

41. 康德(1724－1804)，18 世纪德国哲学家、教育家。主要教育著作有《论教育》等。

42. 裴斯泰洛齐(1746－1827)，18 世纪瑞士教育家。主要教育著作有《林哈德和葛笃德》、《葛笃德怎样教育她的子女》等。

43. 欧文(1771－1858)，19 世纪英国空想社会主义者、教育家。主要教育著作有《新社会观》、《新道德世界书》等。

44. 赫尔巴特(1776－1841)，19 世纪德国教育家。主要教育著作有《普通教育学》、《教育学讲授纲要》等。

45. 福禄培尔(1782－1852)，19 世纪德国教育家。主要教育著作有《人的教育》、《幼儿园教育学》等。

46. 第斯多惠(1790－1866)，19 世纪德国教育家。主要教育著作有

《德国教师培养指南》等。

47. 别林斯基(1811—1848)，俄罗斯革命民主主义者。主要教育著作有《新年的礼物》等。

48. 斯宾塞(1820—1903)，19世纪英国哲学家、教育家。主要教育著作有《教育论》等。

49. 乌申斯基(1824—1870)，19世纪俄国教育家。主要教育著作有《论公共教育的民族性》、《人是教育的对象》、《师范学校草案》等。

50. 福泽谕吉(1835—1901)，近代日本启蒙思想家、教育家。主要教育著作有《劝学篇》、《文明论概略》等。

51. 帕克(1837—1902)，19世纪美国教育家。主要教育著作有《关于教育学的谈话》等。

52. 霍尔(1844—1924)，19世纪美国心理学家、教育家。主要教育著作有《青年期的心理和教育》等。

53. 杜威(1859—1952)，20世纪美国教育家。主要教育著作有《我的教育信条》、《学校与社会》、《儿童与课程》、《民主主义与教育》、《经验与教育》等。

54. 怀特海(1861—1947)，20世纪英国教育家。主要教育著作有《教育的目的》等。

55. 克鲁普斯卡娅(1869—1939)，20世纪苏联教育家。主要教育著作有《国民教育和民主主义》等。

56. 加里宁(1875—1946)，苏联共产党和国家领导人之一。著作有《论共产主义教育》、《论共产主义教育和教学》。

57. 沛西·能(1870－1944),20 世纪英国教育家。主要教育著作有《教育原理》等。

58. 蒙台梭利(1870－1952),20 世纪意大利教育家。主要教育著作有《蒙台梭利方法》、《童年的秘密》、《有吸收力的心理》等。

59. 克伯屈(1871－1965),20 世纪美国教育家。主要教育著作有《教育方法原理》、《设计教育学法》等。

60. 罗素(1872－1970),20 世纪英国哲学家、教育家。主要教育著作有《论教育》、《教育与社会秩序》等。

61. 马里坦(1882－1973),20 世纪法国天主教哲学家、教育家。主要教育著作有《宗教与文化》、《存在与存在者》、《真正的人道主义》等。

62. 小原国芳(1887－1977),20 世纪日本教育家。主要教育著作有《全人教育论》、《理想的学校》、《道德教育革新论》等。

63. 马卡连柯(1888－1939),20 世纪苏联教育家。主要教育著作有《教育诗》、《塔上旗》、《父母必读》、《儿童教育讲座》等。

64. 皮亚杰(1896－1980),20 世纪瑞士心理学家、教育家。主要教育著作有《儿童的语言与思维》、《教育科学与儿童心理学》等。

65. 赫钦斯(1899－1977),20 世纪美国教育家。主要教育著作有《伟大的对话》、《民主社会教育中的冲突》、《学习社会》等。

66. 赞科夫(1901－1977),20 世纪苏联教育家。主要教育著作有《教育与发展》、《和教师的谈话》等。

67. 马斯洛(1908－1970),20 世纪美国心理学家、教育家。主要教育著作有《动机与人格》、《人性能达到的境界》等。

68. 布鲁纳(1915—　)，20世纪美国心理学家、教育家。主要教育著作有《教育过程》、《教育的适合性》、《教育论探讨》等。

69. 苏霍姆林斯基(1918—1970)，20世纪苏联教育家。主要教育著作有《帕夫雷什中学》、《把心灵献给儿童》、《给教师的一百条建议》、《和青年校长的谈话》等。